大展好書　好書大展
品嘗好書　冠群可期

大展好書　好書大展
品嘗好書　冠群可期

唐豪文叢5

少林拳術秘訣考證

唐豪 著

大展出版社有限公司

前言

本工作室收集到一份一九五九年一月二十六日出版的《體育報》（今《中國體育報》），上面刊登了唐豪先生逝世的消息，全文如下：

本報訊　國家體委運動技術委員會委員唐豪同志，在一九五九年一月二十日因患支氣管炎哮喘呼吸衰竭不幸逝世。享年六十三歲。

一月二十三日上午十時，國家體委在嘉興寺舉行了公祭。會上由國家體委副主任黃中同志代表機關全體同志獻花圈，運動技術委員會副主任王任山同志介紹了唐豪同志的生前事蹟。參加公祭的有唐豪同志的生前親友和國家體委機關的一百多人。公祭後已移靈八寶山安葬。

唐豪同志曾多年從事司法及教育工作。一九一九年參加上海救國十人團積極宣傳抗日；一九二七年受國民黨迫害逃往日本留學，回國後仍積極參加愛國活動。一九三二年在上海法政大學，在黨的領導下從事學生運動；五卅慘案大遊行被推選爲法律委員會副委員長。並曾爲「七君子」史良等同志在法庭進行法律辯護，與國民黨反共法律作了多年政治抗辯。解放後歷任上海市公安局法律顧問，華東檢察署調研室主任，華東行政委員會政法委員會委員，和中華人民共和國體育運動委員會委員等職，並於一九五四年當選爲上海市人民代表。

從這份報導對唐豪先生四十年人生經歷的追述上，人們看不出這位「國家體委運動委員會委員」同「體育運動技術」（更不要說「武術」了）之間，存在哪怕一絲一毫的聯繫，這眞是令人費解！一代學人傾心從事的學術和他學術生涯的華彩樂章，竟被上述三九三字由權威部門發

布的報導蓋棺論定，抹殺殆盡。聯想到一九四九年之後，唐豪先生早年著作大都未曾再版（吳文翰先生語）這個不爭的事實，人們有理由認為，這不僅是一個學者個人的悲哀，更是一個學科整體的悲哀。

然而，唐豪先生其人其事，是不可能被如此抹殺掉的。在這個問題上，中國武術學會委員、暨南大學教授馬明達先生有著客觀且精到的評論，馬教授說：

「我們一直爲當代武術界出現過唐豪（字范生，號棣華）先生這樣的武術家而感到慶幸，感到榮耀。他是傑出的律師，是學養宏深的文史專家，是一位富有正義感的社會活動家；同時，又是武術家，是武術史和民族體育史學科的奠基人。唐豪先生是迄今唯一一位對武術文獻和民族體育文獻做過系統料理的學者。早在半個世紀以前，唐豪先生發表的《中國武藝圖籍考》及其《補篇》，還有新中國成立後發表的《中國民

族體育圖籍考》和許多論文專著，是二十世紀武術史和民族體育的劃時代的著作，也是武術目錄學和文獻學的創軔奠基之作。由於多方面的原因，他的著作也不免有這樣那樣的疏失，這其實很正常，我們既不必爲賢者諱，也不必橫加指議，重要的是深入認識他的開拓精神和學術成就，學習他實事求是的治學態度和卓越的武術識見，把他所汲汲開創的武術學業繼承下來，並不斷加以恢宏發揚。對武術和民族體育史來說，這是科研工作的基礎，也具有重要的現實指導意義。」

「遺憾的是，唐先生所開創的武術文獻學和目錄學，在唐先生以後竟成了一門『絕學』，不但後無來者，而且連他的著作也差不多成了無人問津的塵封之物，更不要說整理出版了。這是一個耐人深思的現象。深入地探索這一現象的成因，對研究當代武術爲什麼不斷萎縮衰變而無所適從的原因，對分析武術理論不斷淺薄化的原因，肯定大有幫助。」

（馬明達《說劍叢稿》）

本工作室同仁，深以馬教授之言為然，這也是本套《唐豪文叢》之所以會編輯和出版的大背景與初衷。

唐先生的離去，至今已經五十多年了，武術史學界無論是讚成還是反對他的人，大概誰都不能無視唐豪先生的存在，潑髒水也好，唱讚歌也罷，他都是「我國現代武術史上一位繞不過去的人物」（顧元莊先生語），為學而能如此，當復何憾！

從上文《體育報》五十多年前的報導中，我們知道唐先生被「移靈八寶山安葬」。光陰荏苒，世事變遷，唐先生的墓葬是否安然不得而知，而此套叢書，就權作我們心底為唐先生再樹的一塊墓碑罷。

本書出版尚有若干事宜需同唐氏後人接洽，唐先生身後蕭條，本工作室曾多次托人尋找先生的後人唐世敏女士未果。現書數語，留此存

照，以為日後聯繫之憑證也。

本書編輯出版得金仁霖、林子清、吳文翰、顧元莊諸位先生大力協助，謹此致謝。

瀚海工作室

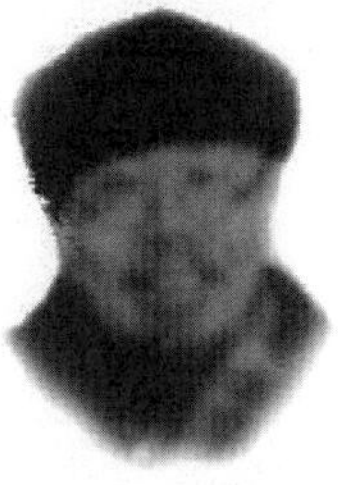

序

略知太極拳史和武術史的人士，對唐豪先生必不陌生。

唐豪（一八九七—一九五九），字范生，號棣華，江蘇省吳縣人。幼年家貧，十餘歲時即失學到上海謀生，得從山東省德州名拳師劉震南先生學習六合拳。後任上海尚公小學校長，即將武術列為教學內容。在去日本學習政法期間兼習柔道與劈刺。

回國後，應中央國術館館長張之江先生的邀請任編審處處長。在此期間曾多次赴湖北省武當山、河南省少林寺、溫縣陳家溝等地考察，著文闡明少林拳始於達摩，太極拳源於張三丰都是後人附會之說，在武術

界及太極拳界影響很大。

一九四九年新中國成立後，唐先生曾任華東政法委員會委員。一九五五年調國家體委任顧問，專心研究中國武術史和體育史，主編《中國體育史參考資料》，計八輯。一九五九年因病逝世。

唐豪先生是我國武術史學科、太極拳史學科先驅者，二十世紀三十年代他在中央國術館任職時，就大力提倡研究武術要科學化，主張發展質樸實用的傳統武術，反對花拳繡腿式的虛假套路。

他在《武藝叢書·自序》中聲稱：「武術界中……以口頭或著作廣傳其荒誕的、邪魔的、神秘的謬論，毒害了中國一部分人的思想與行動。」為了反對這些不良傾向，他自一九三〇年即投入中國武術史的研究之中，先後撰成《手臂餘談》、《太極拳與內家拳》、《少林武當考》、《內家拳的研究》、《戚繼光拳經》、《廉讓堂太極拳譜考

釋》、《中國武藝圖籍考》等專著或論文。由於作者治學態度嚴謹，知識淵博，對中國武術史的研究取得了豐厚成就。

遺憾的是一九四九年之後，唐豪先生早年著作大都未曾再版，致使讀者有望洋興嘆之感。所幸近年山西科技出版社為了「裨益當世和後學，使我中華優秀傳統文化承傳不息」，不遺餘力地搜求、整理出版歷史上遺留下來的武術典籍，取得了可喜的成績，深受眾多讀者的讚許和歡迎。繼客歲太極拳史論家「徐震文叢」出版後，今年，又將唐豪遺作分編出版。

因為唐豪遺作比較分散，不易收集，承蒙上海金仁霖、李子清、顧元莊諸位先生大力協助，將珍藏多年的唐氏遺作獻出，共襄盛舉，「唐豪文叢」才得問世，既為武術愛好者提供了研究資料，也使唐氏遺作不致因時光遷移而湮沒。

這套叢書不是按原作面世先後順序編排，而是按內容分類，方便讀者購閱。其要目如下：

《王宗岳太極拳經》、《王宗岳陰符槍譜》、《戚繼光拳經》、《太極拳與內家拳》、《內家拳》、《少林武當考》、《少林拳術秘訣考證》、《中國武藝圖籍考》、《清代射藝叢書》、《王五公太極連環刀法》、《中國古佚劍法》、《行健齋隨筆》、《唐豪太極少林考》。

《唐豪太極少林考》中的《角觝》、《角抵半解》、《太刀》、《王寅》、《舊體育史上附會的達摩》等文，為上海林子清先生提供。林先生早年曾隨徐震先生學習武派太極拳。在他的大力協助下，山西科技出版社於二〇〇六年出版了「徐震文叢」。林先生與唐豪先生也是舊識，這次為贊助「唐豪文叢」的出版，提供了上述佚文。

太極少林考中，《中國醫療體育概況》為唐氏生前好友顧留馨先生

的哲嗣顧元莊先生提供。

繼「徐震文叢」出版之後，「唐豪文叢」也得以面世，有益於中國武術史和太極拳史的研究，這是毫無疑問的。但是由於受時代影響及掌握資料不同，唐豪先生早年提出的太極拳源於河南溫縣陳家溝陳王廷之說，當時就受到其他研究者的質疑，迄今仍有不少人士認為唐氏此說過於武斷。仁者見仁，智者見智，學術界對太極拳的起源有不同看法是可以理解的。但唐豪先生重視實地考察，認眞收集史料予以研究的樸實學風，是值得我們學習和借鑑的。

吳文翰　於北京燕居齋

八一三滬戰後，在街頭書攤上，得鑑秋所藏初版《少林拳術秘訣》一冊，中有硃墨批點：第一章開端柔術二字上作×號，批第七章覺遠乃虛擬，批第十章乃小說，凡此所云：皆先獲吾心。惜不知其姓氏寓處，無由承教，揭諸簡端，以當嚶鳴。

自序

秘訣是一部體育著作，也是一部革命史料，但很少有人注意到其中含著濃厚的毒素，在那裏腐蝕中國民族思想。

語怪與附會，是少林、武當兩派武藝作家專玩的一套把戲，民國以來，此風尤盛，這證明了提倡中國民族體育的人，徒重於體格上的鍛鍊，而忽於思想上的影響。生活書店全國總書目編例五，明白地指出了這些書籍的散佈迷信，故其體育一目不收「國術」刊物。

此書行銷已二十四版，除直接散佈神奇的思想假託的史事以外，更有許多著作採取其一部資料，間接在那裏替它廣播。郝更生用英文寫成

的博士論文《中國體育概論》，就是其中之一。第十三屆世運會，德僑Heintz因為中國的「國術」隊在柏林等處表演武舞，彼邦報紙盛載其事，特地請著者演講了兩次中國體育以探究其源流。當時他所發問的，有一部分就是根據郝書所採的資料，可見其影響不僅及於國內，並且及於國外。

由於闢妄存眞這一動機，十年以來，常蓄意要考證此書，唯因所得洪門文獻不多，過去只寫了幾篇短文發表而已。洪門是一個革命集團，以推翻異族統治為其目的。秘訣的前身《少林宗法》，是一部以洪門宗旨與拳法為題材的書，所以單單依靠少林文獻是不能闡明眞相的。著者因為早期的洪門文獻，未能搜求到手，以致民國十九年在登封少林拓到的許多碑刻，不得不收藏在一邊。最近，覓得了蕭一山的《近代秘密社會史料》，其中刊載倫敦不列顛博物院收藏的洪門海底，共有七種。於

是參考資料，粗稱完具，費了數月光陰，寫成這部初稿。

使此書的革命史料顯露於世，使此書神奇與假託的記載不至長此流毒下去，這在中國民族體育與中國近代史方面，似乎不是一件毫無意義的工作。

民國三十年八月十三日　唐豪序於孤島上海

凡例

一、秘訣前八章，出宗法佚圖本。宗法之作，在秘訣出版前十四載以內，在《天鐸報》刊登合李語本前十載以內。佚圖本與陳鐵生本，俱出合李語本，今以陳本校秘訣，凡其相同之文篇，字句無異者，推定為宗法原文；字句全異或雖異而意義不殊者，推定為秘訣潤改之文。

二、陳本潤改之文，哲東《少林宗法圖說考證》，已舉一二，其餘俟得宣統三年《天鐸報》所載合李語本再考。

三、自氣功闡微至技擊術釋名篇，其內容與字句，秘訣無而陳本有者，認係尊我齋主人所刪；秘訣有而陳本無者，認係尊我齋增主所入。

四、本書於陳本，簡稱宗法。非直引其文但敘大意，或直引其文作夾註者，不加引號。引文中充填之字，以求明顯者，概加括號。文不全引，前後截取者，不加節號。

五、少林文獻中僧名，有單稱名者，有單稱號者，有名號兼稱者，有單稱名而省一字者，有單稱號而省一字者，有名號兼稱而省名之一字者，本書徵引時從之。

六、哲東《少林宗法圖說考證》，具見附錄，故引文略其標題。

七、所引少林碑刻，標題概從簡稱，如大元贈大司空開府儀同三司追封晉國公少林開山光宗正法大禪師裕公之碑，作裕公碑者是，其餘準此（此類碑刻，凡數百種，皆著者親在登封少林寺及西塔墳間拓得，歷代金石文字，多未著錄，詳其所在，以明來源）。

八、考證有互相關聯而散見各篇者，讀者可自參閱。

目錄

書名篇目之異及其刊行時期……二三
宗法的反清與秘訣的反帝……二七
書中柔術二字的來歷……三八
書中禪觀練膽法的淵源……四三
書中內外家的所由異說……五五
秘訣的棍法……七四
書中的拳技……九〇
書中的武僧……九八

書中的技擊家……………………………………一一〇
書中的少林寺及其被焚…………………………一一九
作者及其撰述時期………………………………一五三
附錄一　少林宗法圖說考證……………………一七二
附錄二　洪門傳說索隱…………………………一八四

一、書名篇目之異及其刊行時期

前清季年，有一部煽動革命的著作，流布在若干黨人之間，彼此傳抄，這就是《少林拳術秘訣》第一至第八章所胚胎的《少林宗法》。

秘訣所胚胎的《少林宗法》為佚圖本，與陳鐵生本同出於合李語本。合李語本刊載於宣統三年上海《天鐸報》，民國十二年鐵生撰《武庫》一文，記其刊載的情形於《少林宗法》條：

「此為盧煒昌得於山西友人者，並有圖像一冊。民國前一年，余任上海《天鐸報》編輯時，曾撰《鐵羅漢寶相》一卷，評述朝元派拳術之動作法。既而武漢事將起，余遂無復執筆之暇晷，乃以煒昌所贈之《少

林宗法》，備載於《鐵羅漢寶相》中，惜當時《天鐸報》困於阿堵，未能將圖像刊登耳。近頃上海中華書局出版之《少林拳術秘訣》，即此書也，唯略有異同。」

鐵生撰《武庫》那年，將合李語本稍加整理，連同圖像及《武庫》一文，載入《國技大觀》內，並附題語於技擊術釋名篇之末：

「斯本為霍元甲先生入室弟子吾友盧煒昌得之山西友人者，囑為點定，其中少有倒置及零亂處，稍加整飭，然關於手法，未敢輕易一字，所以傳其真也。」

必參校別本，才能知其倒置及零亂，以《武庫》「近頃上海中華書局出版之《少林拳術秘訣》，即此書也，唯略有異同。」三語為證，可見《國技大觀》內的宗法，是鐵生依據秘訣整理過的。其整理的程度，除少許倒置零亂及改動的字句以外，內容當與《天鐸報》所載的合李語

本無甚出入，這是在鐵生題語中少有稍加四字上可以看得出來的。

民國二十五年，鐵生整理本又刊於國術統一月刊社武藝叢書第一集第四冊中。其書名加「圖說」二字，增入著者所撰的跋文一篇；此外，異於《國技大觀》所載的，僅僅圖像倒列於氣功闡微篇之前而已。吾友徐哲東，為了那篇跋文，特地寫成三千餘言的《少林宗法圖說考證》，遠道郵示，以相商榷。本書之中，有好幾處是專為答覆哲東而撰的。唯因新有所發明，其見解遂有時不免與跋文稍異。

秘訣題尊我齋主人著，民國四年中華書局出版，後於合李語本刊佈者凡四載，前於陳本第一次刊佈者凡八載，第二次者凡二十一載。

陳本正編：第一篇為氣功闡微，第二篇為五要說，第三篇為技擊入門次第法，第四篇為裁解手法，第五篇為裁解手法之真訣，第六篇為裁解通行法，第七篇為身法示要，第八篇為拳法歷史與真傳，第九篇為技

擊術釋名。

附編為洪拳舊譜。秘訣全書共十三章：第一、第二兩章，篇名與陳本同。第三章名技擊入手法。第四章名通行裁手法。第五章即陳本第五、第六兩篇，名解裁手法之真訣。第六章即陳本第七篇，第七章即陳本第八篇，第八章即陳本第九篇，篇名均同。附編洪拳舊譜，因秘訣出佚圖本，故無。第九章為禪宗之極軌，第十章為南北派之師法，十一章為少林之戒言、微言，十二章為明季少林之變派，十三章為神功說，皆陳本所無。

二、宗法的反清與秘訣的反帝

宗法的反清運動，是天地會的承繼，故其取材，主要出於洪門海底（洪門中的秘密文件，個中人稱曰海底）。秘訣的反帝思想，是義和團的變相，故其取材，特別帶有神奇色彩。本篇的考證，志在顯宗法的史跡，闢秘訣的誕妄。

甲　宗法的反清運動

宗法的反清，表現於字裏行間的，隱約而不露。非黨人莫能明，此種態度，當時或許為一種掩蔽作用。其後秘訣作者，因時過境遷，無所

忌諱，將原文潤改，始由晦而顯。這只要取兩書對照一讀，便知此說不謬。

宗法第二篇愛國一段所表現的反清：「吾宗之練習此術，乃有愛國思想存乎其間。誠懼筋肉廢弛，不能報國，東海可移，此志莫易，磨筋練骨，留以有待，故吾人夙夜孜孜，以俟機會，宜默識此意，不可懷一毫凌侮同族之心，為吾宗之罪人。」秘訣改作：「吾宗之練習此術，乃有深仇隱痛存於其間。念故國河山，已墜披髮為奴之劫，懼筋肉廢弛，勉奮雞鳴舞劍之心，東海可移，此恨難消，磨精練骨，留以有待，故吾人夙夜孜孜於此，非一人一家之微，假使天不亡漢，成功終有其時，宜默識此意，不可懷一毫凌侮他人之心，為吾宗之罪人。」

同篇守戒一段所表現的反清：「吾宗之術法，雖創始於達摩禪師，而推闡變化以臻厥大成者，以圓性禪師為首屈一指。及諸故老南來，更

欲以此為磨礱筋骨之具，斯道乃重放一大光明。其開始第一式，以左手握拳，右手拊其背，意最深遠，不知者只以為開手作禮式也。地盆以踏入中宮，亦為不忘祖國之意。」秘訣改作：「吾宗術法，雖創始於達摩禪師，而推闡變化以臻厥大成者，則以圓性禪師為首屈一指。至明末諸老，避難南來，更欲以此為磨礱筋骨之具，斯道乃重放光明。其開始第一手，以左手握拳，右手拊其背，示反背國仇之意，不知者只以為開手作禮式也。地盆則以踏入中宮，亦為不忘中國之意。」

同篇末段所表現的反清：「痛禪上人，即朱德疇薙度後之名也。上人為勝國懿親，之桂之台，皆不得意，至淡水死焉，聞上人柔術最精，當其在梧州時，捕者數十人，悉被拋置道旁，上人乃得潛逃出險云。」秘訣改作：「痛禪上人，即明皇族朱備疇剃度後之名也。上人傳聞係福王之堂叔，後數年復蓄髮往粵西，謀舉兵恢復不成，又復歸少林，旋為

人偵悉，謀捕之，上人乃遁於臺灣，依延平之子，欲有所陳，不聽，遂鬱鬱還至淡水死焉。聞上人柔術最精，當其在梧州時，捕者十餘人，悉被次第拋置街心，上人乃得潛逃出險云。」守戒一段的左手握拳，右手拊背，地盆踏入中宮，係指天地會所傳的洪拳。諸故老南來，係指天地會假託的少林。末段痛禪的之桂之台，係影射桂王由榔與魯王以海（秘訣改指魯王）。

秘訣作者，將宗法「當是僅識之無之僧徒所抄謄者也，」改作「茲為改訂而略加潤色，亦以留當年之雪泥紀念焉爾，」從這兩句改文中，可以考見宗法的傳抄，一若洪門海底，其作用在集結革命同志。同時從宗法的變異洪門舊說，和秘訣作者的參加這一革命運動，可以考見宗法所煽動而受其影響的對象，是智識分子，所以洪門中事不雅馴，為縉紳先生所難言的，宗法悉加劃除。

乙　秘訣的反帝思想

秘訣作者，潤改宗法的時侯，在□（此字原稿不清）要說愛國一段之後，加以案語云：

「現在光復大漢，已成事實，而強鄰環峙，侵奪頻仍，其痛更有十倍於亡明遺族，願讀者更有所注意也。」

這一段案語，警覺讀者不要因為辛亥革命的成功，而忽視了更大的帝國主義敵人，其用意在表面上是無可非議的。但按其書中內容，不啻誘導讀者去踏襲義和團的陳跡。這種落後思想，出於滿腦袋迷信觀念的智識分子（秘訣十三章，假託智隍語曰：人身之五官百骸，各有其至神不可思議之能力，如目透重壁，鼻嗅天香，耳聞蟻鬥，口吐碧火，舌締青蓮，聲震蒼冥，手破崖壁，足踏波面，氣結霞霧。凡此種種，均非談

虛說幻，炫異競奇，苟能澈悟玄機，自有此神通廣大），是不足驚異的。

據陳捷《義和團運動史》，其第一篇第三節述義和團的宣傳方法云：「謂凡團中人各有一星照命，其為猴星助命者，則能於高大房廊，一躍而過。」秘訣類似這樣的記載也有，如第十章云：「智圓上人，嫻縱躍術至精，凡崇垣高逾尋丈者，聳身而上，聲跡俱無。」又云：滕黑子「練習此術，自謂朝夕從事，將二十餘年，凡船桅高至三五丈者，聳身而躍，即登其顛。」

十三章云：「痛禪上人曰：『予嘗見一內家吳松侯者，精縱躍超距之術，凡三五丈之垣牆，聳身而上，疾同鷹鷂。嘗逞其技，使人立一過廳中，如面向前門，則立於前門外，面相對。如轉面後門，則立後門外，面亦相對。如是者霎時七八度，蓋以其一躍即飛逾屋脊耳。』」

又於十二章中，舉古時的崑崙奴為例證，云：「唐時大歷中，有崑崙奴磨勒者，能攜極重鐵椎而躍逾崇垣十數重。後某巨僚以甲士五十餘人，圍擊於一院落中，更能以短匕首左右策應，瞥若驚鴻，疾同鷹隼，雖攢矢如雨，均莫能中，頃刻間，竟飛出極高垣牆以去。是唐時已有如斯身手之人，可見技擊一術，至隋唐蓋臻極盛。」從這一段裏，雖可看出智圓、滕黑子、吳松侯的縱躍超距術，是從唐人小說劍俠傳衍出的；但這與義和團的宣傳，本質上又有什麼不同呢！

秘訣唯恐此等技術，不能取信於人，所以在第十章中公開其練法云：「其法：先於地面掘一圓徑之穴，深度則初時以五寸內外為限，寬則以能容雙足為度。演練時，立足於其中，直腰硬腿，向上作跳躍式，每次只可跳躍三五十回，以後逐日增加，倦則即息，不可過勞。凡初習時，能跳躍此五寸深之穴，非半年功夫，難於躍出，因直腰硬足，不易

用力故也；至能跳高四五寸後，則逐漸將穴掘深一二寸，如是增加，約至尺餘，則曲腰作勢，可以飛騰逾丈矣；然此非二三年苦功不可，勿宜求速效也。如至躍能逾丈後，再須以鉛錫鑄造圓瓦形之物，緊紮於腿脛間，每張鉛片，初則五斤至十斤，以次遞加，量其力之所及，與功夫之深淺，倘能於左右腿紮鉛片二三十斤，直其腰可跳高一尺餘之土穴者，則解去鉛瓦，便能飛躍數丈矣。」

若從民國四年秘訣出版時起，照此方法來訓練運動員，那麼，到民國十九年九屆遠東運動會、民國二十五年十三屆世界運動會，應該有五批選手養成。遠東運動會的跳高記錄，最高為二公尺，世界運動會的跳高記錄，最高為二公尺一〇，中國的體育專家，會採取秘訣的資料入其書中（郝更生的《中國體育概論》，章輯五的《世界體育史略》，都採此書假託的達摩十八羅漢手為史料），自然也會採取秘訣的方法來訓練

青年。何以中國的選手，一個也不能超越外人的成績？外國選手的成績，係用科學方法訓練而成，何以一個也夠不上智圓、滕黑子、吳松侯那種高度？此可證其虛妄者一。

韓復榘任山東省政府主席時代，曾經大登廣告，徵求這類高來高去的人物參加省國術考試。結果，白化了許多廣告費，像秘訣所說的那類人物，竟絕跡不見，此可證其虛妄者二。

數年前，自稱少林派的張學斌，在上海大滬花園擺梅花樁擂臺。廣告露布以後，就有一位無聊文人替他在《時事新報》上大吹法螺，說他在少林習武的時候，須由平地跳上兩丈多高的平臺從其老師問技（著者曾親往少林考察，並無此種平臺，亦無此種習技方法）。到開台那一天好奇者都去瞻仰他的絕技，豈知張學斌並不能夠縱躍，只會用兩手兩足撐在粗糙而距離兩尺來寬的水泥柱上，像癩蝦蟆那樣逐漸移動而上。觀

眾因為事前的宣傳與臨時的表演不符，大家鬧著退票而散，此可證其虛妄者三。

縱躍超距術以外，秘訣還有一種神手，到現在尚有人迷醉於此，書中舉出有此種本領的人物有三。

第六章稱：「澄遠禪師為吾宗技法之神手，能於百步之內令敵傾跌，莫能起立。」（此段為宗法所無，係秘訣作者增入）。第十章稱：「智圓上人練習呼吸神掌，垂四十年不輟，能於距離百步外，運掌力擊之，應手而倒。」

十二章稱：張松溪師「西江派鉅子熊氏，少年業商於川陝間，至漢中，與一道士同行，甚相得，乃執贄為弟子。道士精於印掌，人立尋丈外，可以掌心力擊翻之。」

其練法據第六章稱：「初懸薄板於壁，朝夕午頻頻運掌心印擊之，

久則去板，置有聲之物如鼓鑼等於夾壁中，習之如前，久則掌力印處，物為之應而有聲，如是由近而遠，十年則尋丈內外，人亦覺痛苦，迨勤修再二十年，雖百步內人，亦立足不住。」

此種神手，依著者觀察，並不是由功夫所練成，乃是一種心理現象，這一心理現象，是可以用實驗來證明的。此術若對具有被試觀念者不盡應驗，即為心理上感應不同的現象。若對毫無被試觀念者不能應驗，即為心理上絕無豫期作用的現象。園中遊侶，途間行人，皆毫無豫期作用，一經實驗，尤足證明其效能如何。

今上海以斯技鳴於時者凡二人，倘願作上述實驗，則籠罩於社會間的神奇觀念，立即可以澄清，二十餘年來秘訣傳播的毒素，方不致長此蔓延下去。

三、書中柔術二字的來歷

中國名技擊為柔術，始於宗法，宗法的採用此名，出於東瀛，故著者跋《少林宗法圖說》時，斷此書係清末留日革命黨人所作。

哲東雖不否認柔術為日本名詞，然主張此二字為民國以來人所潤色，他所提出來的證據和論斷如下：「何以知其文辭則為民國以來人所潤色？案秘訣第二章五要說有案語云：『現在光復大漢，已成事實，而強鄰環時，侵奪頻仍，其痛更有十倍於亡明遺族者，願讀者更有所注意也。』此明明為民國時人語，足為民國時人潤色文辭之證，則書中用柔術之名，固無足怪耳。」

柔術為日本名詞，這是哲東所不爭的。他為了書中有民國時人的案語，所以斷定柔術二字，係民國時人所潤色。不錯，文辭經過民國時人的潤色，不單這一個證據，身法示要篇末段，「康熙中」三字，秘訣改作「前清康熙時」，技擊術釋名篇末段「當是僅識之無之僧徒所抄謄者也」，秘訣改作「茲為改訂而略加潤色，亦以留當年之雪泥紀念焉爾」，這些也是潤色的證據。

現在要辨別清楚的：潤色文辭是一件事，柔術二字是否出於潤色者之手又是一件事，問題的中心，不在潤色文辭，而在柔術二字是否出於潤色者之手。

柔術二字，出於原作，著者倒有兩個證明方法：查宗法一至九篇，文中柔術二字凡十三見，技擊二字凡九見；秘訣九至十三章，文中柔術二字凡二見，技擊二字凡八十九見（秘訣一至八章，胚胎於佚圖本宗

法，故不計入）。

此可證宗法作者慣用柔術二字，秘訣作者慣用技擊二字。而且秘訣的兩用柔術，全在承先啟後的第九章內，故著者認秘訣的用柔術二字，係受宗法影響而來，否則以下四章，不當絕跡不見，此足證柔術二字必非潤改者一。

宗法氣功闡微篇：「術以柔為貴，至於專使氣力，蠻野粗動，出手不知師法，舉步全無規則，既昧乎呼吸運使之精，復不解剛柔虛實之妙，乃以兩臂血氣之力，習於一拳半腿之方，遂自命個中專家，此下乘之拳技，不得混以柔術稱之，學者所宜明辨也。」

這一段秘訣只有三個字不同，蠻野粗動的「動」字作「劣」，舉步全無規則的「舉、規」二字作「動、楷」，如果沒有方法證明這三個字以外曾經第三者潤色過，即不能不認這一段的其餘都是原文。此段首

句，足以證明原作者以柔術來名中國技擊，是從術以柔為貴這一基本理解而來的；末第二句和首句相呼應，其柔術二字，改以他辭即不可通，此足證必非潤改者二。

哲東主張此書的最初本子，是嘉道以來武術家自托於少林派者之法門及口訣。著者主張此書的最初本子，是光緒二十七年以後，留日革命黨人為煽動革命而作。因這一見解的懸殊，所以雙方均著重於柔術二字的考證。

本來，此名是否出於舊本，沒有再比陳鐵生、盧煒昌、尊我齋主人更清楚。只要他們出來證明一下，問題立刻就能解決。陳盧二君，為著者舊識，一俟戰事平息，訪得其行蹤之後，當專函一詢究竟，以期水落石出。又《天鐸報》刊載宗法的時候，秘訣尚未出版，鐵生決不會與尊我齋主人不約而同，將技擊改稱柔術的。

民國二十八年秋，老友汪北平見告，慈谿陳屺懷先生，藏有該報一全份，因將宗法一冊，請其轉托鄞縣鄭右慈君，前往校對，以期解決此一問題。嗣據復稱：「尊書並附來宗法一冊，當於上星期日賈棹至慈谿陳宅，始知仲回兄合家避難方岩，家中只留傭人幾輩，故前次去信，均無回音。據云：『天鐸存報，於屺懷先生接辦浙江省立圖書館時，即全部移存該館，戰事起後，浙館諸物，均隨省府轉移至金華，大致該存報亦在轉移之中。』弟於失望之餘，即將大函及該書托陳宅傭人，便遞方岩，好在孟扶仲回二兄，均隨屺公至該處，當能為兄校對寄回也。」一事隔兩載，這個願望還未達到，只好暫時擱在一邊的，以俟將來。

四、書中禪觀練膽法的淵源

武藝是實敵本事，故自來專家的一致主張，以膽力為最要。戚繼光《拳經》第一勢，開宗明義就以「對敵若無膽向先，空自眼明手便」兩句來啟示後學。他在《拳經・捷要篇》裏頭提出的練膽法：

「即得藝，必試敵，切不可以勝負為愧為奇。當思何以勝之？何以敗之？勉而久試，怯敵還是藝淺，善戰必定藝精。古云：『藝高人膽大』，信不誣矣！」

以戚氏所引藝高人膽大這一古說作證，可見中國古代武藝，並沒有用禪觀來練膽的一法。少林雖為禪宗發源地，但明代少林派鉅子程宗

猷，及其弟胤萬所提示的練膽法，也無異於戚氏所引的古說。萬曆四十四年丙辰，宗猷著《少林棍法闡宗》三卷，其下卷問答篇中，有一段專論練膽法：

「或問曰：『人當臨敵之時，每每失其故步，何也？』余曰：『藝高人膽大，苟平日識見未廣，工夫未純，若一遇敵，則心志亂，手足忙，不能自主矣。故弓馬嫺熟，良有以也。』」

胤萬序宗猷耕餘剩技（耕餘剩技，為《少林棍法闡宗》，《蹶張心法》，《長槍法選》，《單刀法選》的總名）所稱的練膽法：

「手足整則膽練，而欲騁於敵。意氣清則心練，而知忠於上。心練則智自出，膽練則勇自生，心膽俱練則兵與時俱無不合。而練心膽，則又在練器藝為要耳。」

宗猷闡宗紀略，自謂學技於少林十餘載，胤萬跋闡宗，自謂得此書

面承宗猷討論，是宗猷於少林為親炙，胤萬於宗猷亦親炙，二人所述的練膽法，歸本於工夫純、手足整，而輔之以識見廣，此三者皆與禪觀不生關係。自明而清，直到光緒二十七年以後，宗法才轉販日本武士道的練膽法，入其書中。

見於第一篇的：「柔術之派別，習尚甚繁，而要以氣功為始終之則，神功為造詣之精，究其極致所歸，終以參貫禪機，超脫於生死恐怖之域，而後大敵在前，槍戟當後，心不為之動搖，氣始可以壯往，此所謂泰山倒吾側，東海傾吾右，心君本泰然，處之若平素也。」見於第八篇的「少林之法，高出於各家之上者，在平素之內功耳。內功為何？即解脫生死。」

哲東認第一篇那段，為校者據秘訣竄入，或校者據秘訣改其原文。他的論證是：「二書出版，秘訣在前，宗法在後，秘訣首篇開端云：

『柔術之派別，習尚甚繁，而要以氣功為始終之則，神功為造詣之精，』此緣秘訣以氣功闡微篇始，以神功說篇終也。

又其第十章第十二章中，亦言神功，至宗法既無十三篇之神功說，書中又絕無述及神功之處，首篇開端，文亦與秘訣同，疑此一段，為民四以後，校者據秘訣竄入，或據秘訣改其原文。」哲東認二書出版，秘訣前而宗法後，蓋未睹鐵生《武庫》一文所致。他的論據，以後證先，就是從這一誤認而來的。考秘訣所稱的神功：

其一，係指合一的內外功（第十章：外工之練習，乃肉體筋骨所有事，而內功之修養，實性命精神所皈依，離而二之，則為江湖末技，合而一之，則為神功極致）。

其二，係指一指功（第十章：一貫技最精，又朝夕勤苦自修，專練一指之力。且習久生神，能於隔板壁數層，以食指插按，試貼身驗之，

頗覺力透疼膚，倘插按過力，而皮膚顯青紫痕，久之則筋骨亦為之牽痛，此神功絕術，由於專心致志以練習之，始克臻此）。

其三，係指氣功（第十章：少林自經茲浩劫，而徒衆遂散走於四方，各以其術為教授。其在大江南北者，以皖浙為盛，技擊之法，多宗張全一，專致力於神功呼吸之學）。

內功即宗法第一第八篇的解脫生死，外功即散見於宗法第三至第九篇的一部分練法，一指功即宗法第三篇胡某的神技，氣功即宗法第一篇所雲南派兼習的呼吸。二書的刊佈，宗法、合李語本在前，秘訣在後，秘訣所稱的神功，實際上早已孕育於宗法之內，這只要將宗法九篇仔細一分析，便知秘訣中有關神功的文篇，是從宗法衍出的。所以「氣功為始終之則，神功為造詣之精」兩句，應釋作氣功為始終的要則，神功為造詣的精至，不應釋作以氣功闡微篇始，以神功說篇終，而認首篇開端

那一段，係校者據秘訣竄入，或校者據秘訣改其原文。

宗法以禪觀練膽，何由見其從日本轉販過來的呢？查日本古代，分貴族、武士、平民為三個階級，而皆信仰中國傳往的佛教。武士寄生於貴族，非輕生樂死，貴族即不為用。當源平爭霸時代，兵戰靡已，禪宗的生死觀，深合於武士們的心理修煉，故其宗風，因而大張，成為彼邦武士練膽的唯一法門。時隔七百餘載，新渡戶稻造於明治三十二年，為宣傳其甲午戰勝的精神因素，用英文寫了一本《武士道》出版。舊調重彈，此風又開。他們一面對外誇張，一面對內鼓吹，宗法作者受其影響，決不能在明治三十二年以前，這是可以肯定的。

考清原貞雄《武士道史》十講，謂繼新渡戶稻造《武士道》而出版的作品：有三十四年井上哲次郎的《武士道》，三十五年佐藤岩英的《精神講話武士道》，山岡鐵太郎的《武士道》，三十七年日本武士道

研究會的《日本武士道之神髓》，三十八年久保得二的《武士道史譚與少年士道之訓》，井上哲次郎與有馬佑政的《武士道叢書》，秋山悟庵的《現代大家武士道叢論》。三十九年安藝喜代香的《土佐之武士道》，佐賀藩僧侶的《葉隱集》。四十年秋山悟庵的《禪與武士道》，蜷川龍夫的《日本武士道史》。四十一年山方香峰的《新武士道》，葦名慶一郎的《日本武士氣質》，岡元慶的《武士道實話》，綠園生的《武士道小說叢書》，熊田宗次郎的《女武士道與少年武士道》。四十二年東鄉吉太郎的《軍人武士道論》，太畑裕的《武士道與家庭》，重野安繹與日下寬的《日本武士道》，池邊義象的《武士道美譚》。這些書裏，一定含有宗法所根據的理論，可資考證。

但目前因為日本正在瘋狂地侵略中國，必須等到抗戰勝利以後，方能乘風破浪，去到他們圖書館裏，尋找此等史料，以供徵引。茲就手頭

藏有的文獻，足為鄙說佐證者，略舉二三，以窺一斑。

明治四十一年，日本副島八十六所編《開國五十年史》：大隈重信在本邦教育史要一篇內，謂鐮倉室町時代的武士修養，精神上以死生觀念為心的磨礪，身體上以弓馬刀槍為武的鍛鍊。藤岡作太郎在同書風俗變遷一篇內，謂日本國民的武士道，是受三種影響所合成：

其一，受武家時代連年戰亂生活貧困的影響。其二，受重實行而卑空想的儒教影響。其三，受三界唯心，死生一如的禪觀影響。

高楠順次郎在同書佛教一篇內，謂武士道的精神修養，多由禪宗的橐鑰鎔鑄而出。並且指明這是在維新以前，由佛教的餘惠所結成的果實（此書商務印書館有譯本，可資參考，唯不盡與原文相合）。其外，光緒二十八年，羅孝高譯《日本維新三十年史》，第七編宗教史內，也提及「源平遞興，武士以禪定直入而悟道。」

光緒三十年，帝制餘孽楊度序梁啟超的《中國武士道》，謂「日本無固有之學術，自與中國交通以後，乃以中國之學為學，直接而傳中國之儒教，間接而傳印度之佛教，舉國中人，無能出此二教之範圍者。夫此二教者，其義相反，而其用相足者，何以言之？孔子之道，專主現世主義，諄諄於子臣弟友之節，仁義禮智之道，經傳所載，唯於身心性命家國天下之關係，反覆言之，而於有生以前，既生以後，皆不過問，故曰未知生，焉知死？又曰吾欲言死有知乎，恐孝子順孫妨生以事死，吾欲言死無知乎，恐不孝之子棄其父母而不葬，故唯言朝聞道可以夕死，無求生以害仁，有殺生以成仁，以此數語為其教戒而已矣。蓋儒教對於生死問題，乃以局外國而嚴守中立者也。其切於人事之用，而不使人探索於空虛，自非他教所能及，故有謂儒教非宗教者。若夫佛教則不然，釋迦本以此死生問題，棄其王子之位，三衣一缽，入山學道，彼時睹天

地念無常，睹山川念無常，睹萬物形體念無常，經十二年，而一旦於菩提樹下，豁然大悟，其後廣說妙法，普濟眾生，皆無不準此問題，以為濟度。以三界為火宅，以此身為毒蛇，特立十二因緣，以明生老病死，因果環復，苦業無窮，而以滅去無明，免此生死為唯一之手段；以為身者眾苦之本，禍患之源，又以生死皆由於心，若心滅則生死皆滅，龍樹諸人繹之，亦謂所有一切法，皆是老死相，終不見一法，離生死有住，皆對於生死問題而力求其寂滅者也。此與儒教教義，實為大相反對，而日本學之，則反能得二者之長，而相輔相助，以了人生之義務，故其人於成仁取義之大節，類能了達生死，捐軀致命以赴之。」

楊氏所言，與藤岡作太郎之語契合無間，可證明治時代，日本武士道諸書中，發揮禪宗的生死觀，必甚普遍。楊序又謂：「予聞梁氏將述武士道之死生觀別為一書，曰死不死。」梁氏於中國武士道外，至欲再

著死不死一書，以勵國人。可見滿清末造，無論保皇黨與革命黨，受日本武士道影響的，皆有其人，宗法作者，僅僅是其中的一員而已。

新渡戶的《武士道》，為中日戰爭而作。《日本武士道之神髓》、《武士道史談》、《少年士道之訓》、《武士道叢書》、《現代大家武士道叢論》，為日俄戰爭而作。前者是弱肉強食的侵略戰，後者是新舊帝國主義的爭奪戰，日本智識分子不暴露這種戰爭的本質，而以宗教色彩的武士道，痲醉其國民，這當然是所謂神國也者的一貫政策。

沉寂了二十年左右的武士道，他們自九一八以來，又利用這件老法寶作宣傳，希圖在侵華戰事中發生相當作用。昭和九年橫尾賢宗的《禪與武士道》，其上篇第八章，極力以生死透脫來鼓吹其國民，作盲目的犧牲。昭和十三年梅田薰的《精神強化療法》，其第六篇以「禪為超脫生死，消滅一切恐怖心的方法」，及「坐禪養成武士的膽量，有巨大助

力」等理論，強化其國民的精神。

讀者若將宗法第一、第八兩篇的禪觀練膽法，與以上所引的日本武士道理論作一對比，立刻就能夠領會其是轉販過來的。

從宗法的慣用柔術二字來觀察，作者一定僑居過日本，其僑居的時期，一定在明治三十四年——即光緒二十七年以後，否則，不會受這種理論影響的。

宗法作者，為甚麼要採取日本武士道理論入其書中呢？推其用意，大概在激發同志，解脫於恐怖罣礙之中，了卻生死關頭，以應其革命的要求。但無意中卻留下一個重要證據，使著者得以證明宗法的撰述時期。

五、書中內外家的所由異說

少林本不自名為外家，自有內家，始別少林為外家。內家起於明，秘訣十二章，謂「內家之技術，極盛於隋唐，至宋元而稍衰」。王征南墓銘，謂內家係宋徽宗時的張三豐，夜夢玄帝所授，這都是附會。

少林以武顯於世，始於隋末的拒賊。後來寺僧擒王世充侄仁則歸唐，其事尤為歷來談少林者所盛稱。這在秦王告少林寺教，賜田牒，裴漼少林寺碑，顧少蓮《少林寺新造廚庫記》中，俱可考見。秘訣作者，因內家別少林為外家，又因少林武風，隋唐之間已著聞，故於書中，杜撰內家極盛於隋唐一說。

秘訣作者，既稱內家極盛於隋唐，自不認內家係宋徽宗時玄帝夢中授張三豐的，所以他在書中，杜撰內家至宋元而稍衰之說，並依《明史》改三豐為明初人。

三豐的為北宋人，出內家傳說。載此傳說的，最早為黃宗羲王征南墓誌銘，哲東《國技論略》辨其偽云：「黃宗羲言，張三豐為北宋人，後人以其說出於宗羲，頗為尊信，其實非也。予嘗作書黃宗羲王征南墓誌銘後辨之云：黃宗羲王征南墓誌銘：三豐為武當丹士，徽宗召之，道梗不得進，夜夢玄帝授之拳法，厥明，以單丁殺賊百餘。按此說非也，《明史・方伎傳》，謂張全一名君寶，號三豐，與其徒遊武當山，創草廬居之，明太祖聞其名，於洪武（二）十四年，遣使覓訪而不得，此說較黃氏所言得其實，蓋洪武（二）十四年，曾有遣使覓訪之事，流俗相傳，乃誤以為宋徽宗時事，又以其善拳法，乃又衍為玄帝授拳、單丁殺

賊等事矣。如果張為宋徽宗時人，何以南宋及元，絕無一人稱道及之，至明代道家，然後方盛傳張三豐事耶？故知黃氏所言，乃世俗之偽傳，不足徵信。」

的確，黃氏所言，係世俗偽傳。這一偽傳的來源，王征南墓誌銘中記載甚明：「予嘗與之入天童。征南曰：『今人以內家無可眩耀，於是以外家挽入之，此學行當衰矣！』因許敘其源流。」文中予字，即宗羲自謂，可見三豐為北宋人及夜夢玄帝授之拳法，是宗羲據征南生前口述，依樣葫蘆入之墓誌銘中，本是不足為信的。除王征南墓誌銘外，有稱三豐為金時人，元初與劉秉忠同師的，《明史》本傳謂其不可考。又《明史》本傳言三豐死於洪武二十四年後居寶雞金台觀時，則所稱死後復活。活後行蹤，跡近荒誕，皆屬附會。英宗賜誥，稱三豐為元朝名士，中山舊令（誥見汪錫齡《張三豐全集》）。《明史‧方伎傳》，稱

洪武二十四年，太祖嘗遣使覓之，則三豐實元明間人。

《續通考》一百三十四兵：「元世祖中統四年二月，詔諸路置局造軍器，私造者處死，民間所有，不輸官者與私造同。至元五年三月，禁民間兵器，犯者驗多寡定罪；二十二年五月，分漢地及江南所拘弓箭兵器為三等：下等毀之，中等賜近居蒙古人，上等貯於庫，有行省行院行台者掌之，無省院台者，達嚕噶齊輝和爾回回居職者掌之，漢人新附人雖居職無所預。二十三年二月敕中外，凡漢民持鐵尺、手撾及杖之有刃者，悉輸於官。二十六年四月，禁江南民挾弓矢，犯者籍而為兵。本條後按稱：禁漢人兵器，諸路皆然，不僅江南也。二十七十二月，命樞密院括江南民間兵器。二十九年，禁鐵匠打造軍器。三十年二月，又申嚴江南兵器之禁。武宗至大三年三月，申嚴漢人軍器之禁。泰定帝泰定二年七月，申禁漢人藏執兵仗，有軍籍者出征則給之，還復歸於官。英宗

至治二年正月，禁漢人執兵器出獵及習武藝。順帝至元三年四月，禁漢人南人不得執持軍器。至五年四月，又申其禁。」

禁令對僧徒並無例外，少林在元代哪能會得以武勇名天下？三豐身為元官，朝廷禁令森嚴，哪能會得開創內家？

延佑元年程鉅夫奉敕撰少林開山住持裕公碑：「戊申，定宗詔住和林興國。未期月，憲宗召詣帳殿，奏對稱旨，俾總領釋教，授都僧省之符（都僧省係元代最高僧官）。庚申，世祖即祚，仍襲爵賜光宗正法之號。」至大年間少林提舉山公碑：「至元三十一禩，至大改元，兩次詣闕下，奏奉皇帝聖旨，皇儲令旨，諸王令旨，帝師法旨，都省榜文，為嵩山少林護持院門。」延佑戊午沙門思慧撰少林住持古岩就公碑：「大德丁未歲，欽受聖旨，皇太子恩旨，護持山門。總統所（元代僧官，有諸路釋教都總統一職，見裕公碑陰）又賜妙嚴弘法大禪師號。」至正七

年，歐陽玄撰重建蕭梁達磨大師碑敘：「皇元至元五年，倉龍己卯，少林長老息庵，將鑿石洛汭，樹表禪源，遣徒了辯走京師，命萬壽禪寺住持領曹洞宗惟贊，奉福住持思璧，暨釋教之都壇主普乘，希旨今朝，求證當世。於是內侍貴臣同知延慶，司事烈思八班，具事以啟。贊天開聖仁壽徽德宣昭貞文慈佑儲善衍慶福元太皇太后有旨，命翰林侍講學士歐陽玄為敘其事。」少林在有元一代，與皇室間的關係如此密切，哪裏會得違反禁令創立外家？入明以後，諸僧俱係前朝人物，故洪武時代的少林碑刻，絕不見有拳勇記載。無外無以創內，哲東的信三豐善拳，這是著者所不敢苟同的。

內家的所以附會三豐為鼻祖，可於《明史》中求得其故。《胡濙傳》：「惠帝之崩於火，或言遁去，諸舊臣多從者，帝疑之。遣濙頒御製諸書，並訪仙人張邋遢，遍行天下州郡鄉邑，隱察建文所在。濙以故

在外最久，至四年乃還。十七年，復出巡江浙湖湘諸府，二十一年還朝，馳謁帝於宣化府。帝已就寢，聞濙至，急起召入。悉以所聞對，漏下四鼓乃出。先濙未至，傳言建文帝蹈海去，帝分遣內臣鄭和數輩，浮海下西洋，至是疑始釋。」

《張三豐傳》：「永樂中，成祖遣給事中胡濙，偕內侍朱祥，齎璽書往訪，偏歷荒徼，積年不遇。乃命工部侍郎郭璉，隆平侯張信等，督丁夫三十餘萬人，大營武當宮觀，費以百萬計。既成，賜名太和太岳山，設官鑄印以守。天順三年，英宗易誥為通微顯化真人。」成祖利用太祖故事，令胡濙遍行天下，佯訪三豐。事後又以假作真，役使三十餘萬人大營武當宮觀，並設官鑄印以守。其曾孫英宗，因佯訪一事，有助於帝統，故賜誥封贈，稱其積功於明。內家獨拉三豐為鼻祖，就是這齣政治活劇所造成的神仙名重而附會的。武當因三豐而大興，玄帝為武當

山神，這是內家捏造玄帝夢中授拳於三豐的根源。《神仙鑒》載劉宋時有一張山峰，三豐與山峰音近，劉宋與趙宋易誤，這是內家稱三豐為宋人的根源。

內家既不始於三豐，究始於何人呢？王士禎讀《聊齋》李超始末識後，言王宗傳內家拳法於陳州同，州同嘉靖間人。曹秉仁《寧波府志》，言孫十三老傳內家拳法於張松溪，松溪嘉靖間人。《江南經略》僧兵首捷記，倭變志僧兵，言少林僧的禦倭，在嘉靖時代。《正氣堂集》新建十方禪院碑，言少林的以劍技鳴天下，在嘉靖時代。《荊川文集·峨眉道人拳歌》，言少林的拳法為世希有，在嘉靖時代。《紀效新書·拳經·捷要篇》，言少林棍法的有名，在嘉靖時代。內家的傳授，始於嘉靖年間，少林的武風，著於嘉靖年間。內外是對立的名詞，故內家的創始與附會，及內家的別少林為外家，當即出於最早的王宗。

王征南墓誌銘，言內家由玄帝夢中授張三豐，而宗羲子百家所撰的《內家拳法》，則稱「張三豐既精於少林，復從而翻之，是名內家。」查宗羲所述，係征南親告，征南於百家為師弟，苟其所言，亦聞自征南，則父子云，不當岐異若此。故三豐翻少林為內家，著者斷為百家因舊說誕妄而杜撰的。

宗羲、百家所言的起源雖不同，然名其拳為內家，則無異辭。清末，《少林宗法》出，始一反舊說，以少林為內家。其第八篇云：「覺遠上人曰：『力以能柔而剛，氣以善運而充，力從氣出，氣隱力顯，無氣則力何自而生乎？外家之力，其來也猛，猛則多浮而鮮沉。內家之力，其來也若在有意無意之間，必抵隙沾實，而後全力一吐，沉重如山，可以氣透膚裏。此其故，蓋由外家之力剛，內家之力柔，剛則虛浮，柔則沉實，習之既久，自能覺悟。蓋一掌一拳之打出，手一著力，

則氣有三停：一停於肩穴，二停於拐肘，三停於掌根，如是而後力能貫透指顛或掌心也。至於柔運（原注：即純粹之氣功）之力，則與此不同，一舉手則全身奔赴於氣之所運，所謂意到氣隨，捷於聲響，精粗之別，學者於此可悟矣。』」

考宗法《裁解手法真訣篇》中，所述外家四相，其遲緩與直立，係本內家拳法。氣功闡微篇中，所述靜以禦敵，係本王征南墓誌銘。覺遠係假託人物，其口中內外家兩個名詞，係本黃氏父子的著作。案宗法所稱的少林宗派，以氣功為始終之則，覺遠口中的內家，崇尚柔運的氣功，宗法以覺遠為少林宗匠，足證其所稱內家，即隱指少林。

秘訣作者因宗法的直尊少林為內家，背乎舊說，故於十一章中，稱「恢復河山之志，為吾宗之第一目的，如不知此者，謂之少林外家。」再於第十章將內外兩家合而為一，稱馬士龍「以內家氣功，秘授一貫，

由是一貫以少林派而兼內家，遂為此術鉅子。」士龍為在家人，一貫為出家人，秘訣十二章以在家人為內家，出家人為外家，就是湊拍這一杜撰史事的。

秘訣十二章以王一瓢影射內家拳家王宗，第十章以馬士龍影射內家拳家孫繼槎，又以明清間人蔡九儀的老師一貫影射內家拳家僧耳、僧尾，故於明季少林之變派中稱：「王氏之徒，以浙東為多，明末清初間，風動一時。」並杜撰其時的「少林技術，由外家而參合內家。」

秘訣第十章，謂一貫為胡某的老師，又謂李鏡源、滕黑子皆得氣功之傳，胡、李、滕皆道咸以來人，故於十二章杜撰：「自道咸以來，內外兩家，融會貫通，已無內外之區分矣。」

秘訣第七章以覺遠為金元時人，第十章以士龍為覺遠同學契友，覺遠弟子一貫的內家氣功，得於士龍，則內外家豈非於金元時代，即已融

貫？十二章稱洪武時代的張三豐，其技能融貫少林，著力於氣功神化之學，則內外家豈非於明初即已融貫？今謂少林技術，於明末清初間參合內家，道咸以來，內外兩家已因融會貫通而無區分，此種牴牾，是秘訣作者將舊的文獻與其新的偽託，兩相牽合而產生的。

其實，內家拳於清初即已失傳，足證秘訣所稱的融合，出於杜撰。黃百家《內家拳法》云：「王征南先生從學於單思南，而獨得其全。余少不習科舉業，喜事甚，聞先生名，因裹糧至寶幢學焉。」又云：「西南既靖，東南亦平，四海宴如，此真挽強二石，不若一丁之時。當此之時，技即成而何所用？亦遂自悔其所為，因降心抑志，一意夫經生業。」又云：「先生死止七年，吾鄉盜賊蟻合，流離載道，白骨蔽野，念當日得先生之學，即豈敢謂遂有關匡王定霸之略，然而一障一堡，或如范長生、樊雅等保護黨閭，自審諒庶幾焉，亦何至播徙海濱，擔簦四

顧，望塵起而無遁所如今日乎？則昔以從學於先生而悔者，今又不覺甚悔！夫前之悔矣，先生之術，所受者唯余，余既負先生之知，則此術已成廣陵散矣，余寧忍哉！故特備著其委屑，庶後有好事者，或可因是而得之也。雖然，木牛流馬，諸葛書中之尺寸詳矣，三千年以來，能復用之者誰乎！」

此可證征南所授者只百家，百家半途廢學，未以傳人。查內家源流，莫詳於王征南墓誌銘與《寧波府志・張松溪傳》，其中所載最晚拳家，與征南同輩異師的凡九人，與百家同輩異師的凡三人，王征南墓誌銘撰於康熙八年，《寧波府志》纂於雍正十三年，其間相去六十六載，如十二人苟以技授徒，決無不載之理，此可證內家拳已於清初失傳。茲再以打法練法證秘訣所說的內外家合一之非真。

內家拳的應敵打法為：「長拳滾斫、分心十字、擺肘逼門、迎風鐵

扇、棄物投先、推肘捕陰、彎心杵肋、舜子投井、剪腕點節、紅霞貫日、烏雲掩月、猿猴獻果、綰肘裏靠、仙人照掌、彎弓大步、兌換抱月、左右揚鞭、鐵門閂、柳穿魚、滿肚痛、連枝箭、一提金、雙架筆、金剛跌、雙推窗、順牽羊、亂抽麻、燕抬腮、虎抱頭、四把腰等。」秘訣的應敵打法為：「灌穴、斬鼠法、斬龍手、踢燈、金錢穴、倒樹法、鐵帚手、換枕手、沉海手、托陰手、照風手、踩八卦、大撞碑手、破瓜手、獨蛇尋穴手、貫膛手、撾邊手等。」內家拳的練手法為：「斫、削、科、磕、靠、擄、逼、抹、芟、敲、搖、擺、撒、鐮、攬、兜、搭、剪、分、挑、綰、衝、鉤、勒、耀、兌、換、括、起、倒、壓、發、插、削、釣。」秘訣的練手法為：「環、纏、分、剪、斫、托、鉤、插、挑、攔、封、逼、擒、拿。」

內家拳的練步法為：「踅步、後踅步、碾步、沖步、撒步、曲步、

蹋步、斂步、坐馬步、連枝步、仙人步、分身步、翻身步、追步、逼步、斜步、絞花步。」秘訣的練步法為：「八字馬步、一字馬步、二字馬步、矮馬、半馬、英雄獨立。」兩者大異其趣，可證並未合一。手法（間有小同，為拳中常見之事，不能認為合一的證據。）

秘訣作者偽造了內外家的合一，以增高少林地位。更利用百家杜撰的內家由少林翻出一說，於十二章中，將張三豐寫成為這樣一個人物：「自張氏以俗子內家，忽而傳外家之衣鉢，而又創明點穴之法，於是緇衣之徒，亦相率宗之，其他更無論矣！故少林家法，至張氏而一變。」又：「三豐為明時技擊術之泰斗，於少林師法，練習最精。後遍遊於川蜀荊襄沔漢間，其技更進，能融貫少林宗法，而著力於氣功神化之學。晚年，更發明七十二穴點按術，為北派中之神功鉅子。」

上所云云，多有所本：其中張氏以俗子內家，忽傳外家衣鉢，少林

宗法，至張氏而一變，三豐於少林師法，練習最精等語，係從內家拳法張三豐既精於少林，復從而翻之，是名內家衍出。三豐創明點穴之法，緇衣之徒，相率宗之等語，係從王征南墓誌銘搏人必以其穴及內家拳家中的僧耳、僧尾衍出。三豐遍遊川蜀荊襄沔漢間之語，係從《明史》本傳遊四川，復入武當，歷襄漢衍出。融貫少林宗法，著力於氣功神化之學，為北派中神功鉅子等語，係從宗法首篇氣功為始終之則，神功為造詣之精衍出。內家鼻祖，傳外家衣缽，豈非無形中將少林地位，抬在內家之上，較諸宗法的直尊少林為內家，尤其堂皇得多。

《寧波府志》的張松溪擊敗少林僧事，其目的在抑外家，秘訣的少林僧困辱張松溪事，其目的在抑內家，實則兩者都是偽造的。府志：「少林僧以拳勇名天下，值倭亂，當事召僧擊倭，有僧七十輩，聞松溪名，至鄞求見。松溪避匿不出。少年慫恿之。試一往，見諸僧方校技酒

樓上，忽失笑。僧知其松溪也，遂求試。松溪曰：『必欲試者，須召里正約，死無所聞。』許之。松溪袖手坐。一僧跳躍來蹴，松溪稍側身，舉手送之。其僧如飛丸隕空，墜重樓下，幾斃。眾僧始駭服。」府志稱當事召僧擊倭，則應召諸僧，須受軍令約束，不能自由行動可知。考《江南經略》、《正氣堂集》、《倭變志》、《日知錄》諸書，當時禦倭諸僧，皆未到過四明及其附近，安能在戰事期間，結隊至七十人，往鄞縣去求松溪比武？故著者認松溪的擊敗少林僧事，是從王征南墓誌銘衍出的：由主於搏人，以靜制動二語，衍而為松溪袖手坐，一僧跳躍來蹴，松溪稍側身，舉手送之。由犯者應手即仆一語，衍而為其僧如飛丸隕空，墜重樓下。少林以拳勇名天下一語，則直襲未改。

茲引《江南經略》所記天員事，以證少林僧的拳勇，並不如內家所稱的那樣陋劣。書中僧兵首捷記云：「天員招選四方僧八十四人，擬立

將領。杭僧以其原在吳地，有子民之義，月空自杭來，乃為客也，宜讓為將。天員曰：『吾乃真少林也，爾有何所長，而欲出吾上乎？』十八僧自推八人，願與天員較技。八人驀以拳拳天員，天員時立露臺，八僧自墀下歷階而上，天員見之，即以拳揮卻不得上。八僧走繞殿後，持刀從殿門出砍天員，天員急取殿門長門橫擊之，眾力不得近，反為天員所擊。月空降氣求免，十八僧遂伏地稱服焉。」松溪擊敗少林僧事固偽，秘訣作於民國初年，所稱「松溪少年時，曾為某僧所困辱，某僧乃少林派中人，故松溪終身不譚少林術。其門徒亦仰承師意，恨少林如仇讎，此為少林派之反對者」諸語，文獻無徵，可證其亦出杜撰。

這樣的杜撰還不夠，並於十三章捏造吳松候事以抑內家：「痛禪上人嘗戒徒眾曰：『凡有技術者，最戒驕矜心，驕矜則自恃，自恃則未有不敗者。蓋古今來恃財者終以財敗，恃勢者終以勢敗，恃智者終以智

敗，恃力者終以力敗。何以故？以有所恃則敢於鹵莽陷險故。予嘗見一內家吳松侯者，精縱躍超距之術。後與友人某，飲於江畔酒肆中，酒酣，共立江岸閑玩。友曰：『能超越彼岸乎？』吳即應聲聳躍而過。友招使還。吳應聲又至，足剛及岸，不虞岸已將圮，且值江流迅漲，近水處已被波濤沖裂，吳一時不慎，偶誤踏其上，岸崩數尺許，遂隨之墜落，江流正急，吳捲入波心而去，因素不習水，但從波浪洶湧處躍起數尺，然能直上而不能旁近岸側，仍墜入水中，如是數回，終以力盡而溺斃焉。此由於自恃其術，始有此禍，倘能謹守儒家有若無實若虛之訓言，又何至如是，至悟澈禪機，而能解脫一切者，則人我之相均無，更何恃技誇張之有，此挾有技術者當三復斯言，勿以為河漢也。」

內家源流中無吳松侯其人，秘訣的痛禪，係影射魯王，今吳松侯事出痛禪口中，可證其偽。

六、秘訣的棍法

真正由少林傳出的棍法，共有兩種。這兩種棍法，都不是秘訣第七章所稱金元時代蘭州李叟所傳的。

一種是明朝正嘉年間，喇嘛僧傳與少林，經洪轉改編，而托始於元末緊那羅的。萬曆四十四年，程宗猷於其《少林棍法闡宗》紀略內，述寺僧演棍的起源云：「元至正間，紅軍作難，苦為教害。適爨下一人出慰曰：『唯眾安穩，我自禦之。』乃奮神棍，投身灶煬，從突而出，誇立於嵩山御寨之上。紅軍自相辟易而退。寺眾異之。一僧謂眾曰：『若知退紅軍者耶？乃觀音大士化身緊那羅王是也。』因為編藤塑像，故演

其技不絕。」這一神話係從文載所撰那羅延神示跡碑衍出的，示跡碑係據《景躅集》，《景躅集》係據少林僧子用所記。

碑云：「大元至正十一年辛卯三月二十六日巳時，潁州紅巾初起，大亂來至，少林有一聖賢，先在廚中作務，數年殷勤，負薪執爨，蓬頭跣足，單棍形赤，朝暮寡言，不動眾念，無姓貫名，常修萬行。至日，紅巾臨寺，菩薩持一火棍，獨鎮高峰，紅巾畏之而退，即時則沒，後覓不見，乃知菩薩示跡，永為少林寺護法，坐伽藍之地。」文載注云：「原是至正十年庚寅，史記十一年紅巾作亂，辛卯年也。」

由此可見正文十一年辛卯五字，乃文載所改。示跡碑立於正德十二年，碑中只記緊那羅怖退紅巾，未說寺僧演緊那羅棍法。後來俞大猷撰新建十方禪院碑，始謂於嘉靖四十年，自北雲中奉命南征，因聞名動天下的少林棍法，技出神傳，所以特地取道至寺，一觀其技。以此為證，

足見神傳一說，其出現時期，當在正德十二年以後，嘉靖四十年以前。至萬曆四十四年，程宗猷方據新的附會，敘於紀略中，這就是少林棍出自神傳的由來。查《元史・順帝本紀》，載至正十一年紅巾起事月日云：「五月己酉朔，日有食之。辛亥，潁州妖人劉福通為亂，以紅巾為號，陷潁州。」可見紅巾起事，不在至正十年庚寅三月二十六日，亦不在十一年辛卯三月二十六日，乃在十一年五月初三日，子用記的固然不符，文載訂正的也與《元史》不合。

著者據明初諸碑，考得至正之末，少林曾經失守，落入紅巾手中，足以證明緊那羅怖退紅巾，毫不足信。失守以後的情形，少林碑群中，有不少記載。洪武六年，松庭所撰嵩岩俊公碑：「至正之末，天下大亂，茲寺失守，乃避兵於汶水之中林。已而汶水亦亂，師挈其徒還本寺，以疾滅於少室之南杜家寨。事稍寧，遷靈骨於祖塋，塔而葬之。」

《少林寺志・藝林》，載明初登封知縣（據陸繼萼《登封縣誌・職官表》）山錫之重裝佛像碑：「至正之末，天下板蕩，海內名剎，焚毀殆盡，祖庭僅存其半。殿中佛像，則刮金破背，疑中有物。」又載明初登封教諭（據陸繼萼《登封縣誌・職官表》），賈元善重修法堂銘：「迨至元末，兵燹倏興，衲子散處，寺門猶存。」

洪武六年，松庭所撰松源訓公碑，記其「避難於秦」，與前引俊公碑記嵩岩師徒避兵汶水，僅為賈碑所記衲子散處的鱗爪，然即此鱗爪，已經足夠為失守以後的少林寫照了。唯各碑都未載明失守歲月，故對此問題，尚須進一考證：查洛陽天慶寺住持海印所撰的蓋公碑，謂其於至正辛卯十一月十七日逝世，但塔題至正十年月日建，碑署至正十一年八月日撰，這是預建預撰，而碑文係另一人於寂滅後寫的。自十年到十一年十一月，其間請撰碑文，精求貞石，道途的跋涉，鐵筆的鐫刻，如此

安然營葬，可證至正十一年五月，少林並未失守。

俊公碑記淳拙兩度主盟少林云：「天歷中，淳拙主盟吾道。至正中，無為住持。無為化去，淳拙再繼席。」洪武壬申，來復所撰淳拙才公碑云：「至正乙酉，少林主席復虛，執事者請至再四，□□辭。遂延諾之。至正壬辰三月，退居西堂，至四月十□□，吉祥而寂。」淳拙的再繼席，俊公碑未言甲子，以才公碑考證，係在至正乙酉，無為塔墳，題至正五年六月，則無為化去，與淳拙第二次主盟少林，均屬此年。淳拙塔墳，題至正十四年二月，才公碑謂其於至正壬辰四月寂滅，則是死後二年所建。訓公碑記松源任院門監寺的年期云：「至正中，淳拙先師，主盟吾道，遷院門監寺一職，十年不解，眾咸稱其能。至正之末，避難於秦，及回，為院門提點。」以才公碑考松源的十年院門監寺，應該自至正五年起至十四年止。故少林的失守，決不在至正十四年以前，

否則衲子散處，松源避難於秦，其院門監寺，不得云十年不解矣。

此外，尚有庵主清公一塔，成於至正十一年八月，副寺清公一塔，成於至正十四年四月。使緊那羅果退紅巾，此數僧既得塔葬，安有嵩岩師徒，反播遷流離，避兵在外，甚至寂滅於少林附近的杜家寨，而不敢回寺。其塔墳直到易代以後的洪武六年，而後始建呢？

再證諸《順帝本紀》：至正十一年五月，劉福通陷潁州；六月，據朱皋，破羅山、真陽、確山，犯舞陽、葉縣等處；九月，陷汝寧、息州、光州；十二月，也先帖木兒復上蔡。查葉縣為南陽府屬，餘為汝寧府屬，少林在河南府路登封縣，是年紅軍既未到少林，可證絕對不曾有緊那羅怖退紅軍事。十二年三月，命亦憐真班討南陽賊；四月，命月魯帖木兒等討南陽、鄧州賊；十二月，潁州察罕帖木兒與信陽州李思齊，同起兵破賊有功。十三年十二月，答兒麻討南陽賊有功。十四年十一

月，答失八都魯復苗軍所據鄭、鈞、許三州；十二月，復河陰、鞏縣、南陽。鄧州為南陽府屬；潁州、信陽州為汝寧府屬；鄭、鈞、許、河陰為汴梁路屬；鞏縣為河南府路屬，由此以觀，自至正十二年至十四年，河南革命軍的勢力，雖由南陽、汝寧兩府，蔓延到汴梁路及河南府路，然河南府路只一鞏縣被苗軍所據，少林在登封，可證在此三年間，此寺未曾失守。至正一共二十八年，少林失守時期，既不在十四年以前，則當在十四年以後，茲更就十四年以後一考。

洪武二十五年，鄭口所撰嵩溪定公碑：「當元季至正庚子、少林虛席，疏請開堂。遭天下匡襄，饑歉相仍，會食者尚二十餘缽。師之導化日隆，率眾農作，以身先之，日則耕耘，夜則參道，於是緇素依附者夥。住持三載，退居西堂，仍自力田給眾。會洪武初，本山復請主席。」庚子為至正二十年，嵩溪自此年起，住持三載，雖退居西堂，仍

自力田給眾，至洪武初，又為主席，則至正最後九年，即二十年至二十八年，少林並無失守之事，可以斷言。

查《元史・察罕帖木兒傳》，至正十九年，政府軍將河南全部克復，則少林的失守，以《察罕帖木兒傳》為證，應在十九年以前，十四年以後。

《順帝本紀》：十五年八月，命南陽等處義兵萬戶府召募毛胡蘆兵萬人進攻南陽；十一月，賊陷懷慶；十二月，答失八都魯大敗劉福通等於太康。十六年七月，賊侵河南府路，洪丑驢以兵敗之；十一月，河南陷；十二月，太不花駐軍於南陽、嵩、汝等州，叛民皆降，軍勢大振。十七年二月，征河南太康、嵩、汝大捷；六月，劉福通犯汴梁；七月，歸德陷；八月，劉福通兵陷衛輝路。十八年三月，劉福通遣兵犯衛輝，孛羅帖木兒擊走之；五月，賊兵逾太行，察罕帖木兒部將關保擊走之；

劉福通攻汴梁，守將竹貞遁，福通遂入其城；七月，福通遣降將周全，引兵攻洛陽，守將以大義責全，全愧謝退兵，劉福通殺之。至正十五年戰事，革命軍方面，南陽被攻，太康大敗，政府軍方面，懷慶陷落，從地理上考察，少林失守，決不在此年。

十六年七月，革命軍侵河南府路，雖遭洪醜驢擊敗，然四閱月後，河南即陷；本紀「河南」二字當即「河南府路」四字之省文，故著者斷少林失守，即在其時。十六年末至十八年，雙方戰事，在南陽、懷慶、嵩、汝、太康、汴梁、歸德、衛輝、洛陽諸地，可證登封少林尚在紅軍手中。此等革命隊伍，因當時僧徒，依勢為虐，故凡遇寺剎，即肆焚劫，闡宗言其苦為教害者，即係指此。至正十九年五月，察罕帖木兒底定河南，少林僧始敢回寺，一年之間，歸者只二十餘眾，前引定公碑，可見其淒涼景象。

緊那羅神話，著者未考定其偽妄之先，清初景日珍，早於《說嵩》中指出其來歷，而以禦寇一說為不足信。《說嵩》云：「佛經有四緊那羅王：一法緊那羅，一妙法緊那羅，一大法緊那羅，一持法緊那羅。釋云：『神似人而有角。』今寺中像，蓋取諸此。」又云：「少林緊那羅殿，在大雄殿東，西向。奉神三像，裸體執棍，靈動欲活，前向如將仆，中像扶摩之，動輒移時，旁兩像不動也，見者無不肅然。史載元成宗大德中，建天壽萬寧寺，寺中塑秘密佛，形像醜怪。皇后幸寺，見之惡焉，以帕障面而過。少林像蓋秘密類也，禦寇之說，其信然歟？」查元代少林開山住持福裕，最受憲宗與世祖崇信，嘗於外蒙和林，關內燕薊、長安、太原、洛陽分建五少林，弘揚佛法，以佐外族治化。象設秘密，蒙俗所尚，故少林於元代，當早有緊那羅殿。考大德丁未達公塔銘，延佑五年資公塔銘，均有子用題名。禦寇一說，那羅延神示跡碑，

謂出子用所記，似不能憑空揑造，必先有緊那羅殿，然後始得附會。景氏謂為秘密佛類，實獨到之見。

至少林棍法之所從出，原有線索可尋，特前人未之深考而已。闓宗紀略云：「緊那羅之後，有哈嘛師者，似亦緊那羅王之流亞，曾以經旨授淨堂，以拳棍授匾囤。」少林寺志宸翰，載新昌王所撰匾囤碑云：「年逾二十，投少林寺，禮梵僧喇嘛為師。」闓宗總論云：「殲丑虜，壯皇圖，於緊那羅王之聖傳，喇嘛神僧之秘授，庶不忝矣。」以此等文獻考證，可見匾囤的拳棍，受自喇嘛，而非哈嘛。闓宗係寫刻本，紀略中的哈字，當係筆誤。又匾囤碑云：「嘉靖四十二年，至夔州江中，曰：『道曠無涯，逢人不盡』，登岸端坐而逝。」匾囤的圓寂時期，在嘉靖四十二年，文載的示跡碑，立於正德十二年，少林神傳棍法一說，著者前已明其產生於正德十二年後嘉靖四十年前，若其棍非匾囤之師喇

嘛所傳，安得適在其時，而密合如此？

宗猷撰闡宗之前五十六年，少林棍已因假託神傳而得名，但其技尚不足觀，俞大猷《正氣堂集》，詩送少林僧宗擎序有云：「予昔聞河南少林寺有神傳擊劍之技（大猷以棍為長劍，故稱棍術為擊劍）。後自雲中回，取道至寺。僧自負精其技者十餘人，咸出見呈之。予視其技，已失古人真訣，明告眾僧。」按程氏闡宗，理明法備，不類大猷所見已失真訣之棍，則宗猷所得者，必非喇嘛原傳。考闡宗紀略云：「余自少年，即有志疆場，凡聞名師，不憚遠訪，乃挾貲遊少林者前後閱十餘載。始事洪紀師，溷跡徒眾，梗概粗聞，未殫厥技。時洪轉師年逾八十，耄矣，棍法神異，寺眾推尊，嗣復師之，日得聞所未聞。宗想、宗岱二師，又稱同好，練習之力居多。後有廣按師者，乃法門中之高足，盡得轉師之技而神之，耳提面命，開示神奇，後從出寺同遊。」

查洪轉著有《夢綠堂槍法》一卷傳世，今載《手臂錄》附卷，宗猷之少林棍，在闡宗問答篇中，自稱三分棍法，七分槍法，與中卷棍勢五十五圖，其言盡合，故著者斷係洪轉取喇嘛舊傳，滲入其槍法所改編，理論中的舊力略過，新力未生，則宗猷受大猷《劍經》影響而來。

秘訣第七章，謂少林棍係蘭州李叟所傳，其偽者一。少林棍起於明代正嘉間，秘訣第七章以李叟為金元時人，其偽者二。據闡宗問答篇，少林棍以拏、攔、提、捉、勾、劈、箚、打等為法，秘訣第七章謂李叟所傳之棍，以點、撥、掃、撬、壓等為法，其偽者三。闡宗名棍源流稱：「陰手，亦少林棍名也。云陰手者，以兩手持棍俱陰，近身入懷，能縮長棍短用故也。與夜叉相表裏，非陰手短棍之比。」秘訣用者，為欲抑內家，在十二章中捏稱：「少林之棍法，本傳於李氏，後與內家相參合，乃有折衷派起，倡為單雙並用。如遇敵時，撥護則用雙，點擊則

用單，此種棍法，表面論之，似覺亦可採取，不知此乃俗手下乘功夫，真不值名家鉅子之一噱也。」文中所稱用雙，即屬陰手，少林固不贊成陰手短棍，然縮長棍短用之陰手，則亦不廢，秘訣作者，不知少林內容，以陰手出於內家，而與少林參合，其偽者四。內家文獻，不載棍法，其偽者五。但專用陰手的雙頭短棍，確係俗手下乘功夫，其言不可因偽而廢。

一種是嘉靖末俞大猷傳與少林僧宗擎，宗擎轉授寺眾的。俞氏《正氣堂集》新建十方禪院碑：「予昔聞河南少林寺，有神傳長劍技。嘉靖辛巳歲，自北雲中奉命南征，取道至寺。僧負其技之精者，皆出見呈之。予告其住持小山上人曰：『此寺以劍技名天下，乃傳久而訛，真訣皆失矣。』小山慨然曰：『劍訣失傳，示以真訣，是有望於名公。』予謂：『是非旦夕可授而使悟也』。即擇其僧之年少有勇力者二人，一名

宗擎，一名普從，隨往南征。三載之間，諄諄示之，皆得其真訣。雖未造於得心應手之神，其十步一人，千里不留行，亦庶幾矣。乃辭歸。越十有四五載，今萬曆丁丑歲四月間，予適在京師神機營提調車兵，報有一僧求見，與之進，乃宗擎也。謂『普從已化為異物，唯宗擎歸以真訣廣傳寺僧，得其法者亦多也。因欲戒壇聽戒，錫飛至此。』予喜，復授之《劍經》，勉以益求其精之意云。」

由萬曆丁丑，上推至嘉靖辛酉，去其本年，中間相距十五載，故以越十有四五載一語考證俞大猷的到少林，應為嘉靖四十年的辛酉，而非正德十六年的辛巳，巳當係酉字之訛。文中所稱長劍技，就是棍法，《劍經》就是大猷所撰的一部以棍法為主的專門著作。明遺民吳殳，於其《手臂錄》卷四大棒說中，謂見「少林有一家棍法，名曰五虎攔，唯一打一揭而已，打必至地，揭必過腦，平平無奇，殆如農夫之墾土者

然，而久久致工，打揭得勢，則少林諸法，亦甚畏之，不可以平平而輕視也。」

按《劍經・總訣歌》有云：「一打一揭，遍身著力，步步進前，天下無敵。」此棍雖變名為五虎攔，實即大猷傳宗擎，宗擎傳寺眾的長劍技。秘訣第七章所稱的少林棍，以退躍為法，大猷傳少林的棍法，以步步進前為法，其偽者一。秘訣第七章所稱的少林棍，以點、撥、掃、撬、壓為法，大猷傳少林的以打、揭為法，其偽者二。

秘訣的棍法，既不同於闡宗，亦不同於劍經，可證其並非少林。考拳法歷史與真傳篇，宗法無李叟傳棍事，而秘訣有之。此明明是秘訣作者，以己之所習，增入其中，假託李叟，偽中又偽。今日所謂少林也者，大率類是。

七、書中的拳技

書中拳技：一為五拳，本洪門海底。二為猴拳，本《五嶽游草》。三為擒拿法，四為點穴法，本《江南經略》及內家拳法。

甲 五拳

蕭一山《近代秘密社會史料》卷四洪門問答書云：「武從何處學習？在少林寺學習。何藝為先？洪拳為先。有何為證？有詩為證：猛勇洪拳四海聞，出在少林寺內僧，普天之下歸洪姓，相扶明主定乾坤。」又稟進辭云：「問學乜件為先？答洪拳為先。問有何為證？答有詩為

證：勇猛洪拳四海揚，出在少林寺內傳，普天之下歸洪姓，得來日後扶明主。」卷五洪拳詩云：「武藝出在少林中，洪門事務我精通，洪拳能破西達子，萬載名標第一功。」

宗法是一部胚胎於洪門的著作，其附編拳譜，就是天地會所傳的洪拳。陳鐵生《武庫》一文，考宗法的拳圖云：「觀是卷圖像手法，純是廣東之洪拳。」鐵生為粵籍拳家，其說當可信從。

哲東云：「洪幫以湘、黔、蜀、陝、鄂等省為盛。」又云：「吾友劉協生先生，為湘中少林名手，其所練之羅漢功，與十八手極近；其五拳為龍虎豹鶴猴，與此大同小異。」洪門盛於湘省，可證劉協生的五拳，亦即天地會的洪拳。至其大同小異，則是拳法傳久而變的普通情形。

百七十餘手的五拳，宗法言為秋月增編而成。秋月的時代，宗法言

在達摩圓寂後數百年，秘訣言在金元之世，天地會係清初秘密結社，在達摩後千餘年，在金元後七百餘年，洪門海底不言洪拳為秋月增編，可證其人其事皆偽。

《武庫》稱此拳，「諺云出於少林寺之洪熙官，然真偽不可考。」其實何嘗不可考，特鐵生未之考而已。洪熙官其人，始見於稗乘《萬年清》。木版本《萬年清》第九回：「再說仁聖天子在陳府封了玉鳳為西宮娘娘，後來生下太子，就是嘉慶君皇（**光緒十九年上海英商五彩公司老石印本已刪去**）。」由這一段可以考見《萬年清》的寫作，決不能在嘉慶以前。林爽文結天地會於臺灣，據魏源《聖武記》載，係在乾隆五十一年以前之數十年。查故宮博物院所編雍正朱批諭旨不錄總目，常賚奏摺下，有臺灣棍徒拜把事一目，可證天地會的起源，還遠在乾隆以前。天地會既不言洪拳創自何人，《萬年清》亦不言洪熙官創造洪拳，

可見洪拳為洪熙官所創，並不出於天地會，而是木版本《萬年清》行世以後的世俗偽傳。天地會不單盛於湘、黔、蜀、陝、鄂，兼盛於粵（其海底雜有廣東方言可證）。木版本《萬年清》，撰於粵人（其書雜有廣東方言可證）。天地會假託的少林在福建福州府，洪熙官習拳的少林在福建泉州府。廣東拳家，但習聞洪拳出於福建少林，不遑辨其省同府不同，對於洪門少林的假託，亦茫無所知，徒因洪字的聯想作用，遂附會洪拳為洪熙官所創。

洪門海底，未言洪拳之前，尚有覺遠七十二手，亦未言七十二手之前，尚有達摩十八羅漢手。哲東謂其友劉協生所練的拳法，有近於十八手的羅漢功與大同小異的龍、虎、豹、鶴、猴五拳兩種，可證宗法所稱的十八羅漢手與洪拳是有的。七十二手是沒有的。查《近代秘密社會史料》卷五，有十八羅漢詩一首，其內容不但與拳法無關，兼與強身術無

涉，足徵十八羅漢手縱為洪門中人所傳，其編造亦在洪拳之後。宗法作者，所以要在十八羅漢手與洪拳之間，虛擬一覺遠七十二手，這無非為建立其五拳衍變的史事而已。

乙　猴拳

少林之有猴拳，遠在明代。萬曆九年王士性《嵩遊記》云：「下山再宿，武僧又各來以技獻，中有為猴擊者，盤旋踔躍，宛然一猴也。」宗法以涇原高某的猴拳，歸入少林一派，當即據此。

丙　擒拿法

宗法作者，因為《江南經略》將七十二把擒拿手，列於使拳之家內，又因內家拳法有二十五拿之說，遂誤認內家的搏穴為擒拿，這未免

太牛頭不對馬嘴了。

宗法第四篇所載熊劍南遺語，謂「平日練習之手法，約有七十餘種，而擒拿則其總稱也。」此其所云，即本《江南經略》。又謂「擒拿係專門手法，且有秘術，在深悉人身氣血通行之時刻，與脈絡穴道之部位，若按時按穴而擒拿之，可以隨輕重而致性命之死生。」人身氣血通行之時刻，即內家拳穴法中的蝦蟆。

秘訣作者，知道宗法所依據的文獻，因此，他在十二章中編造王一瓢創立擒拿術，謂其手法有二十五度。所謂二十五度也者，就是內家拳法二十五拿所變，並將松溪傳中內家拳心法敬、緊、徑、勁、切五字訣，改為擒拿的印、擒、側、緊、切五字訣。

秘訣第十章，謂覺遠同學契友馬士龍，以神拿術授一貫。據第七章注，覺遠為金元時人，金元時的馬士龍已以神拿術授人，則秘訣十二章

所稱明代王一瓢創立擒拿術，豈非矛盾？

宗法第四篇擒拿二段，皆托為熊劍南語，秘訣於熊語之中，插入「又聞欒園先生云」一句，於是熊語的一部，遂變而為高欒園語。

丁 點穴法

秘訣作者，因為黃百家的內家拳法稱張三豐未創內家以前，即精於少林，所以他在十二章中，將內家的點穴法，歸入少林一派。又因王征南墓誌銘稱玄帝夢中授三豐拳法，其說不經，所以他在十二章中，將內家的點穴法，改為道家馮一元所傳。並將三豐以後的關中王宗，改為淮北王一瓢。

關於點穴法的衍變，則稱由馮一元的三十六穴進而為張三豐的七十二穴，由張三豐的七十二穴，進而為王一瓢的百零八穴。並稱三十六穴

之中，有軟麻穴九，昏眩九，輕穴九，重穴九。又有血度流行時刻表，為點按要法。其中手法，有兩指點、一指點、斫點、拍點、掌印點、膝蓋撞點、手拐點等。

考內家的環跳、曲池、合谷、內關、三里，即所謂軟麻穴。解頤，即所謂昏眩穴。膀胱、鎖喉，即所謂重穴。蝦蟆，即所謂血度流行時刻表。滾斫、柳葉斫、十字斫、雷公斫、盤斫，即所謂斫點。迎風鐵扇、仙人照掌，即所謂掌印點。擺肘逼門、綰肘裹靠，即所謂手拐點。

其餘軟麻穴四、昏眩穴八、輕穴九、兩指點、一指點、拍點、膝蓋撞點，內家拳法中，皆無可考見。重穴中的氣門相當於內家拳法的鎖喉，臍門相當於內家拳法的膀胱。

八、書中的武僧

洪門少林，即影射登封少林（考見本書第十篇）。登封少林僧，自元初起，其法名上一字，皆以福裕所立的世譜為據。若驗諸時代與世譜密合無間的，這些釋子，著者名之為少林本系僧。法名的上一字，與世譜不合，或雖合而驗諸時代不侔的，這些釋子，著者名之為少林外系僧。兩系中為住持僧官及庵堂主僧的，其門弟子往往本外相雜，這在少林碑刻中，是屢屢可以見到的。

福裕所立的世譜，凡七十字，茲將釋氏源流五家宗派世譜定祖圖碑所載的照錄如下：「福慧智子覺，了本圓可悟，周洪普廣宗，道慶同玄

祖，清淨真如海，湛寂淳貞素，德行永延恒，妙體常堅固，心朗照幽深，性明鑒崇祚，衷正善禧祥，謹愨原濟度，雪庭為導師，引汝歸玄路。」譜第二字，少林碑刻題名，間作惠，與慧通。第四字子，禪門日誦訛自。第十二字洪，日誦訛宏。第十九第六十九字玄，順治以後碑刻題名作鉉，間作元，皆避聖祖諱，其加金旁，係僧徒不知避缺者所為。第二十二字，碑刻題名間作靚，乃古淨字。第五十一字衷，日誦訛裏。第五十八字原，日誦訛願。第六十七字，日誦作皈，與歸通。世譜係乾隆五十九年靚春所錄，第十九字忘加金旁。

秘訣中的武僧，其法名上一字與世譜相合者，有慧猛、智圓、智隍、覺遠、圓性、洪惠、洪蘊七僧，其中智圓、智隍、洪蘊三僧，為宗法所無，茲先就達摩及此七僧考其真偽於次。

【達摩】達摩為東來禪祖，其人不偽。洪門雖有十八羅漢詩一首，

然不言有十八羅漢手。宗法稱達摩傳此強身術，當是清季洪門中的拳家附會的。

【慧猛】據宗法首篇，言北派專習呼吸，係數十年前的事，慧猛南來傳此術，尚在其後（原文：北派之柔術，數十年前，有專習呼吸以增益其氣力者。後因慧猛師南來，始傳呼吸之妙訣）。可見此僧距宗法之作，並不甚遠。查慧猛之名，不見於少林碑刻，少林慧字輩本系僧，最早見前至元二十四年通辯大師定公碑，最後見至正九年鳳林珪公碑；外系僧最早見隆慶六年小山碑，以後未見，時代不侔如此，其偽甚顯。

【智圓、智隍】秘訣於智圓言其為道咸間曹廷玉的老師，智隍與同見一書，自可推定亦其時人物。少林本系僧智圓的題名，見前至元二十七年中林碑，及大德五年正公碑，智隍則未見。智字輩本系僧，最早見前至元二十六年矩公（及足庵二按：由校改加入）碑，最後見洪武二十

五年松庭碑；外系僧最早見成化十一年成公一峰碑，以後未見。時代相差甚遠：可證二僧皆偽。又秘訣第十章，載廷玉記智圓語曰：「先師嘗謂予曰：『人到生死俄傾間，而能萬念盡空，了無一毫牽掛，此所謂無罣礙斯無恐怖，無恐怖則生死之念絕，此禪門所謂瞭解人間生死念，便覺當前火自涼也。』」此種日本武士道理論，光緒二十七年以前，尚未傳入中國，而智圓居然能發抒厥說，其偽可知。

秘訣十三章，記智隍述達摩聽階前蟻鬥，聲如雷吼事，六識雖出佛書，然記載達摩這一耳識的，始於《少林宗法》第八篇聽法一段，秘訣係本此書所傳之佚圖本而作，故智隍一僧，當即據此段衍出。

【覺遠】覺遠之名，不見於少林碑刻。宗法第八篇，稱覺遠以嚴州名公子，薙度少林，可見其為該寺本系僧。少林覺字輩本系僧，最早見大德丁未復庵碑，最後見宣德五年宗礪金公碑。內外家之說，起於嘉靖

間，而宗法第八篇覺遠語中及之，此可證其偽者一。洪拳出於洪門，洪門不言洪拳以前尚有覺遠的七十二手，此可證其偽者二。哲東云：「推尋前後諸文，覺遠之名屢見，必實有其人。圓性、痛禪則僅見此處，當為偽託。」查宗法覺遠之名，僅見於第八篇，圓性、痛禪之名，僅見於第二篇，人名與行文慣用之字句不同，不能以篇中覺遠三見，圓性、痛禪二見，定其真偽，當以證據為判斷。

【圓性】宗法第二篇，謂圓性生於二百七十年前。秘訣第二章，謂圓性生於晚明。查成化元年少林連公松堂碑，有圓性題名，成化前於宗法之作，凡四百三十餘載，其時代居明中葉之初，足徵名係偶合，人係偽造。

【洪惠、洪蘊】宗法首篇，有洪惠述呼吸功夫一段，這種功夫，始傳於慧猛南來，可證其人不能前乎慧猛。秘訣作於宗法之後，其書中的

洪蘊，與洪惠同一字輩，可證其人不能前乎洪惠。查少林洪字輩本系僧，最早見成化十七年明公月潭碑，最後見康熙三十五年順公碑；外系僧未見。

康熙三十五年，前乎宗法之作二百餘年，前乎秘訣之作二百十餘年，故二僧法名的上一字，雖合少林世譜，而其人可由少林碑刻證其偽。

秘訣中的秋月、澄慧、澄遠、澄隱、痛禪、松筠、一貫、定性、般慧九僧，上一字皆不合少林世譜，姑認為法號考之。就中澄慧、澄遠、澄隱、松筠、一貫五僧，為宗法所無。

【秋月】洪拳出秋月增編，其說不見於洪門海底，這是宗法偽造的第一個證據。洪拳為洪門所傳，秋月遠在洪門以前，這是宗法偽造的第二個證據。宗法為清末著作，能詳達摩圓寂後數百年的秋月事蹟，而毫無文獻可徵，這是宗法偽造的第三個證據。秋月即白玉峰，秘訣第七

章，從佚圖本之說，稱其剃度於少林，而未言其法號，這是秘訣作者潤改時所脫的。

【澄慧、澄遠、澄隱】據秘訣第七章，澄慧是金元時代的少林僧，澄遠、澄隱與之同見此一書，自可推定其亦金元時人物。秘訣第五章末，有澄遠偈語一則云：「工夫深處莫可言，可言之術皆筌蹄，能於生死參解脫，佛法廣大正無邊。」這種日本武士道口吻的偈語，出於七百年以前人物之口，足徵其人係秘訣作者所偽。澄遠即偽，則澄慧、澄隱二僧，可比證其亦偽。況拳法歷史與真傳篇，澄慧一僧，秘訣有而宗法無，顯係尊我齋主人潤改時增入，偽跡昭然。

【痛禪】宗法的痛禪，係影射桂魯二王。桂王兵敗奔南寧，嘗為孫可望所劫；鄭成功因唐魯舊釁，不願擁戴魯王，所以第二篇稱其為勝國懿親，之桂之台，皆不得意。秘訣的痛禪，係影射魯王，所以第二章稱

其為福王堂叔，謀舉兵恢復不成，乃遁於臺灣，依延平之子，鬱鬱以死。其餘所云，與南明史事不符，皆二書作者附會。《明史》諸王世表一：「洪武中，太祖以子孫繁眾，命名慮有重複，乃於東宮親王世系，各擬二十字，字為一世，子孫初生，宗人府依世次立雙名，以上一字為據，其下一字則取五行偏旁者，以火土金水木為序，唯靖江王不拘。」宗法秘訣，皆稱痛禪俗名德疇，考《明史》二十四世表，內無德字。疇字非五行偏旁，於靖江王以外皆不合，這是影射的第一個證據。魯王非成祖之後，係福王由嵩的族叔而非堂叔，這是影射的第二個證據。

宗法附會痛禪所增易的少林十戒，秘訣十一章又轉而影射其為「痛種族之淪喪，借禪關清淨之地，以匿跡韜光，隱待時機」的亡明「天潢貴胄之裔，與故老遺民，忠烈俠義之士」所重訂（明亡後，此等人物為僧者甚多，故秘訣有此附會）。

【松筠】秘訣第九章記松筠語曰：「吾塵遊人間世，垂三十有餘年，所至之名都巨邑，以數十計，可謂廣矣。英俠技勇之士，超群絕類之夫，自謂交遊幾遍天下矣，求其挾一技之長，以雄傲縱橫此世者，已指不勝屈矣，然以解脫超悟，抉吾佛之奧竅，而皈依正覺者，真不啻鳳毛麟角也。」秘訣作者的偽造智圓、澄遠、三原某寺僧，其目的在發揮日本武士道理論，以此作比證，則松筠當亦非真。

【一貫】宗法第二篇，謂「吾宗之練習此術，乃有愛國思想存乎其間，誠懼筋肉廢馳，不能報國，東海可移，此志莫易，磨筋練骨，留以有待，故吾人夙夜孜孜，以俟機會。」秘訣十二章稱：「粵中之少林術，傳之於蔡九儀，蔡本粵之高要人，崇禎時以武科起家，為洪經略承疇之軍令承宣官，後以洪降滿，遁匿於少林中，受技於一貫禪師。」尊我齋主人，於前清時代，受宗法的影響而從事於反清革命運動，於民國

時代，著秘訣而杜撰一貫為反清人物之師，所謂吾道一以貫之，這就是一貫的所以為一貫。秘訣十三章，載一貫弟子胡氏語曰：「膽力一端，若不從禪功上著力，則生死呼吸之會，頗難方寸不亂，處之裕如。」胡氏即第十章的胡某。此等日本武士道理論，決不能出於道咸時人之口，這明明從宗法第一篇首段所衍出，所謂吾道一以貫之，這就是一貫的所以為一貫。秘訣第十章，謂覺遠同學契友馬士龍，「知一貫得少林秘術，而又具大願力大智勇，洵可傳繼衣鉢者，遂亦以神拿術及內家氣功玉川劍術，盡秘授之，由是一貫以少林派而兼習內家。」秘訣以融貫內外兩家為宗旨，所謂吾道一以貫之，這就是一貫的所以為一貫。

秘訣第七章謂金元時代的覺遠，係完成少林派絕技之人物；第十章謂道咸時代的胡氏，係少林派別開生面之人物。一貫上承覺遠的衣鉢，下傳胡氏以絕藝，所謂吾道一以貫之，這就是一貫的所以為一貫。秘訣

十三章，謂張天一與一貫往來二十餘年，若天為全字之訛，而係手民誤植，則一貫不獨與覺遠、蔡九儀、胡某同時，並與張全一為友，以一人而貫串金元明清四代，這也是一貫的所以為一貫。秘訣只有一貫的時代，如是其牴牾，而且這種牴牾是盡人可見的，所以著者認係尊我齋主人故留的罅隙，其目的在使人知此書之為假託而已。

【定性】宗法胚胎於洪門海底，洪門少林是假托的，此僧稱少林，連帶可證其亦偽。

【般慧】洪拳譜為宗法所本，譜中之虎爪掌，不言為般慧所創，可證此僧及其用掌歌訣，都是宗法作者所偽。

【三原某寺僧】秘訣第十章所載此僧授與道咸時人李鏡源的技擊心法，皆日本武士道理論。如云「生死一關，為眾生之大關鍵，亦即佛氏之度世證果，無上法門也，又豈僅區區技擊一術所當視為先務乎！今將

為子作片義之喝棒，揭出斯旨，萬不可以玩弄光景之言視之，以重吾罪。蓋技擊之為道，雖屬衛身強體之術，而終含有幾分克敵制勝之意，質而言之，即謂之曰殺人之術，亦無不可，如是則生死之一念，愈不可不先破也。」又云：「欲學技擊，必須破生死關頭，破生關頭之於技擊一術，實為必要之道。」此等理論，在道咸時代，尚未由日本傳入中國，可證三原某寺僧，亦智圓、澄遠、松筠之流，同出秘訣作者所偽。

宗法與秘訣，都假托少林，所以都偽造僧徒。其偽造之目的：或藉以煽動革命，或藉以發揮理論（如日本武士道的禪觀練膽法等），或藉以融合內外，或藉以杜撰史事，或藉以闡明方法（如洪拳的氣功等），凡此所考，皆有切證。哲東謂「此派拳術，其始為僧徒傳授，故書中多述某禪師某上人之言。僧徒尚武者，自明以來，少林即已著名，故釋子擅武技者，多自托於少林，」著者對於這一主張，實未敢苟同。

九、書中的技擊家

書中的技擊家，有岳飛、李叟、馬士龍、馮一元、張全一、張天一、李東山、王一瓢、熊劍南、張松溪、葉吉美、王皋、季化南、單思南、李咸九、笪象川、吳松侯、蔡九儀、麥姓、莫姓、鐵齋、曹廷玉、滕黑子、李鏡源、胡某、楊獨眼、馬北雄、馬氏、高某、津川、高練園、晴皋等諸人。

岳飛、李叟、鐵齋、胡某、高某、熊劍南、高練園，兩書俱有，其餘二十五人只見於秘訣。胡某秘訣一作胡氏，高練園秘訣作高灤園。

【岳飛】少林練習掌法，以岳氏所倡雙推手為宗一說，始見於宗法

第三篇。查雙推手雖見《洪拳譜》一百七十二及一百七十四圖說，而不言出岳氏。譜的第一圖說引岳氏「運用之妙，存乎一心」二語，其語是否真出岳氏，係屬別一問題，但由此可證宗法雙推手的附會岳氏，是從《洪拳譜》衍出的。

【李叟、馬士龍】覺遠、白玉峰既偽，則宗法所稱的李叟介紹覺遠於白玉峰一事，秘訣所稱李叟的懲暴客，擅擒拿，歸少林，傳棍法，及馬士龍係覺遠的同學契友，授徒陽朔，以神拿術內家氣功玉川劍法傳一貫等事，俱連帶可證其亦偽。

哲東謂「秘訣第七章拳法歷史與真傳中按語，謂李氏之棍，係單頭式。在十二章明季少林之變派中，又極稱單頭棍之善。湘派少林亦重單頭棍，觀《武術匯宗》中述自然門口訣云，吞身如鶴縮，吐手若蛇奔，又謂自然門器械為單刀及單頭棍，自然門即湘派少林之一支也。」據

此，則秘訣杜撰少林棍係李叟所傳，即由單頭棍的托稱少林而來。

【馮一元、張全一、張天一】張全一的點穴法，秘訣作者附會為馮一元所傳。其附會的動機，一定與黃百家相同，因張全一的技擊師承，荒誕不經，故變神授而為人傳。張天一的天字，如為全字之訛，則秘訣十三章的張天一，與十二章的張全一，即為一人。

【李東山】秘訣第七章，稱少林為南派開山之祖。第十二章，稱東山為南派鉅子，與元末明初的張全一同時。

秘訣第七章所云，係本宗法第八篇，宗法第八篇所云，係本洪門海底，洪門為清代秘密結社，元末明初尚無南派少林（即洪門假託的少林），足徵東山為尊我齋主人所偽。

【王一瓢】秘訣十二章的淮北王一瓢，係影射王征南墓誌銘中的關中王宗。書中稱一瓢將其創立的二十五手擒拿法，總括為五字訣，係從

內家拳法的二十五拿與張松溪傳的五字訣變出。一瓢推闡張三豐的點穴法為一百零八手，以與人身百零八穴相印合，係從王征南墓誌銘所稱內家拳的搏穴一切如銅人圖法變出。

【熊劍南張松溪】宗法第四篇的熊氏語，有一部分出內家拳法與張松溪傳，秘訣作者知其來源，故於十二章偽造松溪為其弟子。宗法第一篇，以江西派為下乘技術，故秘訣作者將江西派的熊氏，改為西江派，這樣，才與十二章的稱熊氏為內家鉅子，不相乖剌。

松溪雖實有其人，然除秘訣十二章所述的得其術者三四人，係本王征南墓誌銘外，餘皆杜撰。

【葉吉美、王皋、季化南、單思南、李咸九、笪象川】其姓名在王征南墓誌銘中可以考見的，只有葉吉美、單思南二人，其餘俱秘訣作者所偽造。葉名王征南墓誌銘作繼美，秘訣訛吉美。

【吳松侯】秘訣十三章，以吳為內家，而內家源流中，則無其人。秘訣影射痛禪為魯王，魯王並未為僧，吳松侯的事蹟，出痛禪口中，其偽甚明。

【蔡九儀、麥姓、莫姓】以上三人，俱見秘訣第十二章。宗法弁言，引粵籍拳家劉扆臣說，謂廣東拳派，有洪、劉、蔡、莫、李五家，除洪派外，餘四家不可考。是該省蔡、莫二姓傳習拳法，確有其事，唯其鼻祖不可考而已。

秘訣稱蔡九儀為洪承疇的軍令承宣官，以洪降滿，遁匿少林中，受技於一貫。秘訣第十章暗示此寺在閩省（胡氏一節中，謂僧本滇人，自幼隨父宦浙中。父歿，遂被其僕賣於閩某宦家為奴。年漸長，逃匿少林，遂剃度為僧，釋名一貫），閩省少林，係本洪門而來，洪承疇降滿時，尚無洪門，可證蔡九儀係秘訣作者因粵中有蔡家一派拳技而緣附，

並非實有其人。

【鐵齋】康熙時人鐵齋所發議論，宗法稱述的凡四則。宗法作者生於清末，文獻無徵，何從聞其語？故著者斷為偽造。

【曹廷玉、滕黑子】秘訣第十章，稱曹廷玉為道咸以來人滕黑子的老師，曹授滕的技擊練膽法，為日本武士道理論，其時此種思想尚未傳入中國，則廷玉之偽，於此可見。

唯滕與鄂人爭碼頭一案，秘訣謂其曾載楊杏農《江漢瑣言》，故其人其事，除煊染鋪張以外，尚有所本，並非完全架空之談。

【李鏡源】秘訣第十章，謂道咸以來的李鏡源，得三原某寺僧的技擊練膽法以後，「歸而求之，如墜五里霧中，後乃結廬於嵩山中，發篋讀書，並於朝夕肆習技擊術，久之，於儒書有所頓悟，乃再誦釋典，悉心求蟬蛻之學，如是者又十年，遂參悟生死之機，而其技術之神妙精

奇，亦為古今冠，後著有《塵技禪機》一書，專闡發此旨，惜其子某，不善繼述，使此籍湮沒不彰，良可歎息。」

李鏡源生乎日本武士道理論傳來以前，於儒書有所頓悟，於禪蛻參透生死，竟與藤岡作太郎、楊度所云相同，其人其書，可證皆秘訣作者所偽。

【胡某、楊獨眼、馬北雄】宗法第三篇，謂「黔中胡某，練一指之功，用五十年之力。業保鏢，年七十餘。有暴徒嫉視之，糾數十人，各執長柄鐵矛，圍攻於茶肆，胡某聲色不稍動，鐵矛至，以指敲之，紛紛墮地。」

以一指敲數十人圍攻的鐵矛，能使之紛紛墮地，其速度非人力所及，此可證其出於偽造。秘訣作者，於第三章中，謂其師嘗在銅仁府遇胡，胡反向之問劍術。

於第十章中，謂胡係道咸以來人，為金元間覺遠弟子一貫的高足。又謂能得胡某薪傳的，以楊獨眼、馬北雄為最。於十三章中，記其議論一則，與尚未傳來的日本武士道理論無殊。並將宗法的數十人，改為十餘人，以減少圍攻的人數。偽中扶偽，可謂偽之大觀。

【馬氏、高某】宗法第四篇，謂「涇原有高某，以精於猴拳聲聞關內外。」秘訣改作：「余遊秦中，在涇源遇一高姓者，以精於猴拳著聲關內外。」涇原是甘肅涇川、固原等地的總名，秦中無涇源，此為不明地理，以意變造之證。第十章的陝人高某，十三章的三原高某，從所改宗法之文觀察其籍貫姓氏，皆秘訣作者偽造無疑。故三原高某所云猴拳創自山右馬氏，連帶可證其亦偽。

哲東謂高某即高濼園，查宗法第三篇稱高為先生，秘訣第三章稱高為先師，若果為一人，安得前恭後倨如此？

【津川】津川為日人姓氏，秘訣十三章，稱之為先師，可證其為尊我齋主人留日時代的老師。

【高練園】宗法第三篇高練園語，無偽造痕跡，其人必宗法作者所承教過的，故尊稱曰先生。

宗法第四篇熊劍南語，無又聞濼園先生云七字，這是秘訣作者增入的。宗法第三篇高練園先生云六字，秘訣改作先師高濼園先生教余曰，這樣一改，高氏就成為尊我齋主人的老夫子了。

【晴皋】拳法歷史與真傳篇，宗法無吾弟晴皋問余曰七字，這是秘訣作者欲其老弟附名以顯而增入的。

十、書中的少林寺及其被焚

少林寺連真帶假，一共有十個，這十個少林，哪幾個是真的？哪幾個是假的？哪幾個與宗法秘訣有關？哪幾個與宗法秘訣無關？這都是本篇所要考證的問題。

真少林共七個：一個在登封，一個在和林，一個在薊州，一個在長安，一個在太原，一個在洛陽，一個在泉州。

登封少林，在嵩山少室五乳峰麓。唐裴漼少林寺碑述其地理環境云：「東京近甸，太室西偏。正氣居六合之中，清都控九州之會。緱山北峙，亙宛洛之天門；潁水南流，連荊河之雲澤。」又述其建置云：

「少林寺者，後魏孝文之所立也。」

和林、長安、太原、洛陽四少林，今已不存。薊州少林，在今河北省薊縣西北盤山紫蓋峰下。此五少林係元初福裕所建。程鉅夫裕公碑云：「時萬壽祖席無可當之者，眾請師主之。計以堂鉢之費，未免經葺，得都南柳林閒田二百頃餘，辟玉泉北墅，觀音別院，自餘藥室浴宇賈區，拾其贏以卒歲。尋分建和林、燕薊、長安、太原、洛陽為五少林，始終萬壽十四夏。」

泉州少林，最早見稗官《萬年清》。據洪純規見告，寺在福建省晉江縣東門外鳳山麓，其建置待考。

假少林共三個：一個在福州，一個在山東，一個在臺灣。

福州少林，出洪門傳說，所在地不一其名。《近代秘密社會史料》卷二西魯序，謂在福州府圃龍縣九蓮山。洪門秘書西魯傳，謂在福州府

盤龍縣九連山。《近代秘密社會史料》卷四稟進辭，謂在福州府福田縣九連山。《中國秘密社會史》第二章，謂在福州府浦田縣九連山。查倫敦不列顛博物院所藏較早的天地會抄本（光緒七年收入，其編號為Oriental 2339，《近代秘密社會史料》載之），並不言其假託的少林在何省何縣何山，可見這些地名，不是原有的。

依著者推斷：洪門稱長房在福建，故晚出的海底，附益少林在福州九蓮山。其後由改蓮為連之本分而為二：一增圃龍縣名，一增福田縣名。盤浦二字，又是其後轉變的。在《近代秘密社會史料》未出版以前的五年，馮超如見告，浦田縣是莆田縣的轉訛。當時為了究明這一少林的有無，曾經查過莆田縣誌，結果，找不到此一少林。

又托中央國術館學員徐樹椿，於其莆田原籍調查，結果，也找不到此一少林。圃龍、盤龍、福田、浦田四個縣名，不特為福州一府所無，

兼為福建全省所無，可見其偽。

九蓮山在廣東連平縣東三十里，山中並無少林寺。唐人所作石淙序，有少室若蓮之句，袁宏道嵩遊記一，謂當地土人稱少室曰九頂蓮花寨，登封少林，就在九頂蓮花寨五乳峰麓，可見連為蓮字的省偽，九蓮山即指少室，故天地會的少林，實際即影射登封少林。

山東少林，見《中國秘密社會史》第四章哥老會始祖洪殷盛出身交結歌。此會的前身就是洪門，於咸同之間改名哥老。大概因山東沂水縣亦有一九頂蓮花山，會中人熟聞九蓮山即九頂蓮花寨的舊說，所以將少林移到了山東去。張鼐《倭變志》，稱「僧兵係山東應募者，皆稱少林僧」，這與哥老會的將少林移往山東，或許也有相當關係。

臺灣少林，見民國十九年二十五期《國術週刊》趙何如筆記。記中自稱於民國九年到過此寺，並謂這一少林在八幡社陽山。著者去函詢其

詳細地點，據覆：「陽山去八幡社七十里，孤峰直上，若無道路可通行者，其實路隱於山峰，必疊步以行。行三十里，已達山頂平處，有洞深廣約二里，此處木人機械，已毀不可用，唯兩壁石刻各種拳形，以手摸擬得之，法術亦大拙也。過此為大陽溪，飛流激湍，從天而降，既無舟筏，唯恃藤束而飛渡。過此即茅棚，皆山中之修道者。至此又一洞，步級而下，約三百步，豁然開朗，即少林寺也。」

著者因乾隆五十一年，林爽文曾用天地會名義，在島中揭竿起事，故認為有考證價值，曾設法加以調查，而不虞言之鑿鑿的人，竟作謊說。其時，著者正主中央國術館編審處，特致函外交部請其行文調查，不久得到如下的覆文：「關於調查臺灣少林寺一事，准第三五一號來函，當經本部電達駐日汪公使，轉商日方。轉行詳查去後，茲據覆稱：『關於所囑調查之件，經轉行臺灣總督府覆稱，並未聞有八幡社陽山內

少林寺等地，無法調查。』」可見此一少林，是趙何如所杜撰的。

真假少林既已考明，再進而研究十個少林，哪幾個與宗法秘訣有關？哪幾個與宗法秘訣無關？

與宗法有關的少林，書中雖未明言其所在，然拳法歷史與真傳篇云：「少林為南派開山之祖。」又云：「達摩師由北南來，徒從日眾。」可證其所稱少林，係在南方。宗法既以天地會的洪拳為宗，又以天地會的反清為目的，則其書中所稱的少林，當然就是天地會的福州少林，而不是《萬年清》的泉州少林，也不是民國間人趙何如杜撰的臺灣少林。

與秘訣有關的少林有兩個：「一在閩中，一在中州」，見十二章注。閩中少林，共有三個，中州少林，共有兩個，秘訣並未指明其為哪一個。

泉州少林，說部《萬年清》謂其於乾隆時代，為白眉道人所破。據著者考證，此事為光緒二十二年以後二十七年以前，上海小說家杜撰出來的。查木版版本《萬年清》二十七回末，以「仁聖天子自此回京，坐理朝政，後不出遊，後事無由而知，（免）失傳聞」等語，作全書結束，其二十八回至七十六回，係翻為石印本之後所續作。

光緒十九年上海英商五彩公司石印本，望秋生序有云：「有友服賈東粵而歸者，袖出此書，欲付石印。展閱一過，校諸都中刊行之永慶升平相彷彿，而作者之竭誠頌揚，溢於言外。惜鐫版草率，語句錯雜，因硯有餘墨，乃從作者之意而刪潤之，以臻美備。即敘此意，書諸簡端，不足云序。時在光緒十九年癸巳五月望秋生書於海上之英商五彩公司之寓齋。」

原作者係粵人，故書中雜有粵語甚多，望秋生為潤刪至二十六回

止。後來版歸上海書局，於光緒甲午續至三十八回，丙申續至四十四回，出版年份，均題裏封面。四十五回至七十六回，雖未標明何時出版，然據著者考證，《萬年清》四集，即三十九回至四十四回，有兩種老石印本，一種裏封面只題光緒丙申上海書局石印，一種加題托上洋四馬路文宜書局批發字樣。文宜的停業，距今已有四十年左右，故《萬年清》四十五回至七十六回，應在光緒二十二年以後，二十七年以前出版，杜撰白眉道人等奉旨大破泉州少林，即在其時。

白眉等為甚麼要破泉州少林呢？一看七十四回便知：「白眉道人見至善率領眾徒弟出來，當下喊道：『至善！你約我今日比試，我等可謂不負你所約了。』至善見說，因帶怒答道：『白眉！我與你同門同道，你為什麼不念師弟兄的情誼，任縱門徒，殺害我徒弟胡惠乾、三德、童千斤、謝亞福等人，這是何故？』白眉道人道：『俗語說得好，人不知

己罪，牛不知力大，你但責備我任縱門徒，殺害你的徒弟，你可知你徒弟無惡不作，殘害百姓？你不說嚴加約束，反仗著他們任意行兇，還要給他們報仇雪恨，你既能袒護門徒作惡，我便能任縱徒弟除害，天道循環，理所必然之勢。』五枚大師也說道：『自從你徒弟將牛化蛟、呂英布打死，那時我再三排解，好容易那件大禍，消滅無形，你就該約束門徒，再不准他們行兇霸道，乃胡惠乾竟敢那種作惡，廣東省內，被他殘害的，不知凡幾，若再不將他除去，不但百姓受害不淺，亦非體上天好生之德。你並不知己罪，反要怪人任縱門徒，終不然，我等的徒弟，也要與你的徒弟一樣橫行霸道，才算不是任縱麼？』」

陶成章《教會源流考》，根據此等事實，於教會之聯合及其分裂篇中說：「福建亦有少林寺，以傳拳稱，清乾隆時見毀於峨眉山僧，然與河南之少林寺不同。」陶氏所稱不同者，即指此一少林的被毀，與幫會

無關。其文中的福建少林，即指泉州少林，峨眉山僧，即指白眉道人，他不知道這件史事，全出小說家杜撰。

現在接著要說明的，泉州少林是被破的呢，還是被毀的？《萬年清》七十五回：「白眉道人等見眾惡徒俱已除滅殆盡，其餘那些小徒，也就不與他為難。便一同往寺內各處搜尋，看有無別人在此，搜尋一遍，並無窩藏旁人。當下高進忠便與督轅中軍說道：『現在這少林寺業已破去，眾惡徒亦復掃除殆盡，就煩大老爺上院，先行稟知。這寺院房屋，是否焚毀？抑留在此間，另招高僧住持？所有屍身，即請制台飭派首縣，前來驗視，好給棺收殮。』那中軍見說，即刻騎馬回轉轅門，稟知一切。當奉制軍面諭：『少林寺不必焚毀，另招高僧住持。』」

陶成章著《教會源流考》的時候，正奔走於革命，所以並其根據的稗乘，也無暇仔細去檢閱，於是《萬年清》杜撰的破少林，一變而為毀

少林。最後，要附帶一說的：上海書局石印本四十四回之末，題有「四十九個少林僧征西藏、火燒少林寺等節目，全在五六七集中」諸語，但《萬年清》五至八集，即四十五回至七十六回，竟找不出此等回目，或許這位小說家在寫作四十四回的時候，存著滿腔勇氣，要把天地會的史事，插入其中，後來因怕觸清庭忌諱，所以改變方針的。《萬年清》的泉州少林，即與幫會無關，亦並未被焚，可見秘訣所說的閩中少林，決不是這一個。」

臺灣少林，是秘訣出版十五年以後，趙何如杜撰出來的，幫會文獻中從未提過，故秘訣所稱的閩中少林決不是這一個。

天地會是反清的，秘訣也是反清的；天地會說少林被清室所焚，秘訣也說少林被清室所焚。故著者認為秘訣十二章所說的閩中少林，就是天地會的福州少林。

考明了秘訣的閩中少林，再來考證秘訣的中州少林究係指哪一個？

洛陽少林，雖見裕公碑，然金石文字著錄此碑的，皆非全文，故分建五少林這件事，迄今猶未為他人所知，此可證秘訣所稱的中州少林，決不是洛陽這一個。

登封少林，因反清而被毀，《教會源流考》以前未聞此說，可證其為陶成章所杜撰。秘訣作者，本陶說而變其史事，遂成十二章的中州少林。陶考在教會之聯合及其分裂中，述此寺的被毀原因如下：「當明之世，有少林寺者，聚徒傳拳，名聞海內，稱曰外家。嘗於明末，一抗李闖，再抗清庭，而殲其徒。然流傳者尚不絕，至康熙中葉，其徒復興，語其名為傳拳，按其實皆傳佈白蓮教也。南方志士，從臺灣覆後，多逃而為僧，既避髮辮之辱，復可傳食四方，以隱為聯合同志之計，於是遂有洪門之海底，帶入北方者。聞少林寺名，遂以海底示之，於是白蓮之

教，與洪門之會，合而為一，而五祖出焉。五祖者，皆山東人，居於河南之少林寺，為其禪師，精於拳術，聚徒授拳傳教，隱謀恢復之舉。既得洪門海底，復益喜事之有為，定盟南北合力之約。然是時虜朝勢力正盛，南方洪門方遭張念一之失敗，一時難以舉義。適虜朝偽帝雍正，用兵西藏，五祖竊念欲覆虜廷，莫如操其兵柄，借其力而一舉滅之。然欲得其兵柄，非先為之立功不可，西藏非我族類，不妨助虜以滅之，乃率徒從征青海，建立大功，奏凱旋京。五祖即欲在京起義，機事不密，為虜所知，執五祖並其徒寸磔之，遂毀少林寺。」

這一史事，是揉合各種不相聯繫的資料貫串杜撰而成，故異於洪門舊說。其稱少林為外家，係本內家文獻。稱少林僧的抗李闖，係本《手臂錄》洪紀事（《手臂錄》紀誤記），稱南方志士，從臺灣覆後，多逃而為僧，係本《遺民文集》。張念一失敗及白蓮教密謀光復，係本《東

華錄》。征西藏及少林被焚，係本洪門海底而改其地名。陶之所以將天地會的福建少林改為河南少林，一定因為泉州少林已被小說家說得無可假借，福州少林是空中樓閣的緣故。秘訣作者，於閩中少林則取諸洪門，中州少林則取諸《教會源流考》，以成其兩次被焚之說。並將兩次被焚的原因，統而一之，另外造出下述這段史事：「少林為明室故老逋逃之淵藪，至滿清康乾間，已漸為人所聞知，試觀少林寺之兩次焚毀，僧徒死者數百人（原注：斯時國內有兩少林，一在中州，一在閩中），於此可窺測滿清皇室之致憾於少林者，已有戮及方外之意，故少林自經茲浩劫，而徒眾遂散走於四方，各以其術為教授。」

秘訣的閩中少林，就是洪門的福州少林，洪門的福州少林，就是影射中州的登封少林，所以考證的中心，便在康雍乾三朝登封少林有無因革命的原因而被焚？茲取此寺文獻，製為一表，以明其真相。

康雍乾三朝登封少林史表

紀年	紀事	文徵
康熙五年	海寬塔墳成，寺僧為立碑。	康熙五年彼岸寬禪師碑（法名上一字由順治九年傳景星撰，重修少林寺記考出，碑載《少林寺志・藝林》）。
八年	祖善、祖定於神光立雪處建寮舍。	喜慶七年沙門廣易撰西來堂塔院碑。
九年	洛陽令吳源起為武僧鉉清撰傳，即題像上。	康熙九年鉉清畫像（法名上一字由凝然改公碑隙題名考出，傳鉉作懸）。
十三年	祖善、祖定監修本寺孔雀十王殿，趙光祖等進佛像。	西來堂塔院碑。 康熙二十三年趙光祖等進佛像碑丙石。
十六年	慶安等重修了改塔墳，並為立碑。 明末督師楊嗣昌提取之武僧守備，道宗、道法、慶盤、慶餘同賀鉉清題名改公碑隙。	康熙十六年焦欽寵撰凝然改公碑。
十八年	顧炎武遊少林賦五古一章。	張穆撰顧亭林先生年譜。
二十年	淨陞向鉉琳等購大士庵廢址西地二畝，以俟因緣。	康熙二十七年分守道張告示碑。
二十二年	趙光祖等進佛像。	趙光祖等進佛像碑丙石。

續表

紀年	紀事	文徵
二十三年	聖祖遣戶部右侍郎鄂爾多祭中嶽，分守道張思明陪祀至少林。	陸繼萼《登封縣志・壇廟記》祀典康熙二十五年張思明撰重建慈雲碑庵碑。
二十四年	分守道張思明為淨陛倡修慈雲庵，是年五月鳩工。	重建慈雲庵碑。
二十五年	慈雲庵落成並立碑。吳義揚塑慈雲庵白衣大士像，並為立碑。寺僧為邑令王又旦立長生位碑。	重建慈雲庵碑少林寺志營建。康熙二十五年吳義揚撰恭塑白衣大士聖像碑。康熙二十五年王公長生位碑，陸繼萼《登封縣志・職官表》。
二十七年	法緣塔墳成，僧會司、清乾等為立碑。淨陛立分守道張告示碑。	康熙二十七年法緣和尚碑。分守道張告示碑。
三十二年	趙光祖等進佛像。	趙光祖等進佛像碑丙石。
三十四年	同替塔墳成，其徒鉉魁等為立碑。	康熙三十四年中鉉替公碑。
三十五年	周順塔墳成，其徒洪玉等為立碑。立張公祠堂碑、張公德政砍碑於初祖庵。聖祖遣刑部左侍郎田雯祭中嶽至少林。	康熙三十五年順公碑。康熙三十五年高一麟撰張公祠堂碑，張明性撰張公德政歌碑。陸繼萼《登封縣志・壇廟記》祀典《古歡堂集》。

續表

紀年	紀事	文徵
四十一年	楊成安等重修千佛殿。	康熙四十一年楊成安等題名（在天啓壬戌重修千佛殿碑陰）。
四十三年	聖祖頒御書「少林寺」三大字匾額，懸掛天王殿外；「寶樹芳蓮」四大字匾額，懸掛大雄殿內。	《少林寺志》營建及宸翰。
四十四年	普潤等創建聖公聖母殿，並立碑於初祖庵。趙光祖等立第一禪宗碑於初祖庵。	康熙四十四年創建聖公聖母宮殿碑。康熙四十四年第一禪宗碑。
四十五年	祖欽塔墳成，其徒清寧等為立碑。鉉魁塔墳成，其徒祖良等為立碑。	康熙五十五年嵩印欽公碑。康熙五十五年魁公碑。
五十六年	汝妙塔墳成，其徒性忍等為立碑（少林本系僧譜名，今尚未至性汝二字）。	康熙五十六年汝妙通玄碑（玄字未避缺）。
雍正十三年	世宗敕修少林寺，因拓寺制撤毀慈雲庵轉藏改稱鼓樓。	《少林寺志》營建宸翰。
乾隆元年	清寧受皇戒。	嘉慶三年心雲寧公碑。
二年	清寧受度。	心雲寧公碑。
五年	分巡道張學林奉檄祭中嶽至少林。	《少林寺志·張學林序》。
六年	分巡道張學林奉檄祭中嶽至少林。	《少林寺志·張學林序》。

續表

紀年	紀事	文徵
七年	分巡道張學林奉檄祭中嶽至少林。	《少林寺志・張學林序》。
八年	分巡道張學林奉檄祭中嶽至少林。 高宗頒藏經貯法堂內。	《少林寺志・張學林序》。 《少林寺志・營建》。
九年	分巡道張學林奉檄祭中嶽至少林。	《少林寺志・張學林序》。
十年	分巡道張學林奉檄祭中嶽至少林。 邑令施奕簪重修大雄殿。	《少林寺志・張學林序》。 《少林寺志・營建》。
十一年	分巡道張學林奉檄祭中嶽至少林。 焦如蘅因修志赴少林採訪故跡。 祖方塔墳成，其徒清如等為立碑。	《少林寺志・張學林序》。 《少林寺志・藝林》。 乾隆十一年元白方公碑。
十二年	分巡道張學林奉檄祭中嶽至少林。 焦如蘅《少林寺志》成。	《少林寺志・張學林序》。 《少林寺志・紀事》。
十三年	分巡道張學林奉檄祭中嶽至少林。 張學林、施奕簪序《少林寺志》。	《少林寺志・張學林序、施奕簪序》。 《少林寺志・張學林序》陸繼萼《登封縣志・壇廟記》祀典。
十五年	太守王祖晉奉檄督修少林寺。 高宗巡祀中岳駐蹕寺內。 建高宗御碑亭立御製詩碑其中。	乾隆十七年郜煜撰王祖晉承修少林寺工程碑。 陸繼萼《登封縣志・皇德記》。
十七年	海岱等為王祖晉立承修少林寺工程碑。	王祖晉承修少林寺工程碑。

續表

紀年	紀事	文徵
二十一年	清寧等追立了改碑。	乾隆二十一年沙門海月撰凝然改立碑。
二十二年	淨林自劉碑回寺。	乾隆二十三年張溥功撰九如禪祖碑。
二十三年	眞有等為清初僧會司、僧會超、永追立靈塔及碑。 淨林圓寂。 淨林塔墳成，其徒眞有等為立碑。	九如禪祖碑（陸繼萼《登封縣志・衙署志》僧會司在少林寺）。 九如禪祖碑。 乾隆二十三年林公碑。
二十八年	清寧圓寂。	心雲寧公碑。
三十六年	邑令曾友伋至少林。	乾隆四十一年曾友伋撰重修千佛殿碑。
三十七年	巡撫何煨過少林。	乾隆壬戌何熠面壁石碑。
三十八年	太守王公閱界至少林。	曾友伋撰重修千佛殿碑。
四十年	巡撫徐倡修千佛殿，是年九月鳩工。 潘耒遊少林。	曾友伋重修千佛殿碑。 《遂初堂集》。
四十一年	千佛殿工竣並立碑。	曾友伋撰重修千佛殿碑。
四十五年	淨春等　重修跋陀捌龍王殿並為立碑。	乾隆四十五年重修跋陀捌龍王殿碑。
五十九年	靚春錄海寬釋氏源流五家宗派世譜定祖圖。	嘉慶七年釋氏源流五家宗派世譜定祖圖碑。

上表於康雍乾三朝，雖非每年均有紀事，然少林若以革命的原因被毀，清廷哪能聽其旋毀旋建，旋建旋毀呢？

考焦如蘅《少林寺志・自序》，志稿最初係葉井叔封約其祖焦樗林欽寵，於七十年前搜羅抄集的（序誤七為五）。寺志以外，著錄少林碑刻，記載少林事蹟的，尚有葉封的《嵩陽石刻集記》，景日珍的《說嵩》，陸繼萼的《登封縣誌》。考陸志職官表，葉書是康熙八年至十三年官登封時所編的。考《說嵩・自序》，景書是康熙十九年著手，康熙五十五年脫稿的，考陸志畢沅序及十四卷職官表三十二卷序錄。其書的一部分，是從舊志輯入及採訪事實而成的。序錄內載有張朝瑞、張壎、張聖誥、施弈簪四舊志序。張朝瑞為順治五年至九年登封知縣，張壎為康熙十八年至二十年登封知縣，張聖誥為康熙三十二年至四十二年登封知縣，施弈簪為雍正十三年至乾隆九年登封知縣（職官表載施弈簪任

期，至乾隆四年止，九年係據序錄施志自序考出），陸繼萼為乾隆五十一年至五十二年登封知縣，少林自康熙至乾隆，若以革命的原因被焚，以上諸書，決無不載之理。

茲再就少林碑刻中所題僧名，製為二表，以考該寺諸髡，康乾間有無因被焚而殉難。

康乾間少林碑刻諸僧題名表甲

碑題年代	碑題僧名	徵引碑刻
康熙五年	海寬	彼岸寬禪師碑
十六年	廣生 廣姓 廣美 廣鷲 廣華 宗鄉 宗願 宗好 宗相 宗彥 宗口 宗順 宗亨 道宗 道法 道時 道胡 道權 道江 道可 道景 道壘 道名 道祿 道府 道素 道慈 道隴 慶盤 慶餘 慶光 慶勤 慶奇 慶學 慶覺 慶信 慶明 慶山 慶志 慶讚 慶旺 慶祭 慶大 慶安 同賀 同田 同祜 同收 同鸞 同根 同旺 同興 同貴 同述 同清 同碧 同樓 鋐清 鋐從 鋐鎮 鋐機 鋐正 鋐平 鋐珠 鋐丹 鋐口 鋐魁 祖印 祖心 祖曉 祖林 祖心 祖方 清習 清然 清元 清年 淨賢 眞德	焦欽寵撰凝然改公碑

續表

碑題年代	碑題僧名	徵引碑刻
不著年歲	道心 慶春 慶法 慶周 慶常 慶收 慶安 慶學 慶雲 同鶴 同倫 同臻 同卉 同替 同世 同智 同闊 同定 同法 同享 鉉體 鉉機 鉉枝 鉉梅 鉉玉 鉉官 鉉照 鉉智 鉉理 祖洗 祖權 祖見 祖欽 祖賢 祖悟 祖禎 祖信 祖興 祖法 祖秀 祖元 祖文 祖方 祖金 祖玉 祖一 祖常 祖崗 祖德 祖良 祖顯 祖紹 祖行 祖馨 祖僅 祖隨 清山 清圖 清現 清玹 清如 清露 清秀 清衣 清奇 清明 清連 清祿 清寶 清乾 清睿 清順 清太 清慧 清理 清華 清貴 清泉 清普 清祥 淨西 淨志 淨嘉 淨泰 淨德 淨貴 淨芳 淨洛 淨塵 淨洪 淨學 淨魁 淨戒 淨定 淨室 淨一 淨居 淨禮 淨太 淨卉 淨文 淨祿 淨祥 淨有 淨吉 淨保 淨果 淨得 淨秀 淨印 眞窮 眞儒 眞琦 眞才 眞雙 眞明 眞常 眞琳 眞玉 眞璽 眞龍 眞德 眞堯 眞奇 眞壽 眞義 眞樂 眞妙 如禫 如禐 如補 如禧 如春 如祿	道心派系碑
二十三年	道興 鉉榮 鉉奏 清顯 清秀 清乾 清泰 清居 清平 淨然 淨珍 淨寶 淨樂 淨雲 眞龍 眞喜 眞慧 眞來 如鎮	康熙二十三年趙光祖等進佛像碑甲石（乙丙二石題名複而較少不錄）

續表

碑題年代	碑題僧名	徵引碑刻
二十五年	淨升 鉉奏 鉉泰 鉉臻 祖元 祖慧 祖雲 祖依 祖榮 祖意	張思明撰重建慈雲庵碑
	鉉奏 鉉泰 鉉臻 祖依 祖雲 祖榮 祖慧 祖意 祖元 清乾 淨陞	吳義揚撰恭塑白衣大士聖像碑
二十七年	清乾 淨陞 如妙 性持 性念	法緣和尚碑
	鉉奏 淨陞	分守道張告示碑
三十四年	鉉魁 祖良 祖欽 祖權 清瑞	中鉉替公碑
三十五年	洪玉 洪實 洪浩 清祚	順公碑
	平清	張明性撰張公德政歌碑
	宗林 道興 慶周 周禧 同迎 鉉林 鉉位 鉉智 鉉奏 祖法 祖德 祖連 祖善 清寶 清慧 清顯 清住 清泰 清居 清印 清乾 淨陞 淨眞 眞隆 眞魁 如超 照元	高一麟撰張公祠堂碑
四十四年	同亨 鉉奏 祖德 清居 清平 清泰 淨法 淨花 淨意 淨樂 淨眞 淨雲 眞隆 眞會 眞來 眞喜 如魁 象若 普潤 儲才 儲會 芳蘭 守禎	創建聖公聖母殿碑
	同亨 鉉奏 祖德 清乾 清泰 淨法 淨意 淨樂 淨花 眞隆 眞會 眞來 眞喜 眞口 如魁 象若 潤普	第一宗禪碑

續表

碑題年代	碑題僧名	徵引碑刻
五十五年	祖良 祖欽 祖權 清瑞 清平 清寧 淨明 淨慧 淨智 眞住	魁公碑（魁公即鉉魁）
	清寧 清瑞 淨明 淨慧 淨智	嵩印欽公碑
五十六年	性忍 海潭 即理	汝妙通玄碑
乾隆十一年	清如 清秀 清慧 淨寬 淨華 淨廣 淨惟 淨法 淨保 淨潤 淨德 眞全 眞興 眞祥 眞松 眞秋 眞容 眞璽 眞洪 眞壽 眞號 眞恒 眞體 眞理 眞耀 眞明 眞祿 如實 如現 如乾 如喜 如俊 如善 如秀 如朴 如璽 如珠 如清 海叢 海順 海會 海亮 海法 海通 海興 海明 海龍 湛福 湛有	元白方公碑（方公即祖方）
十七年	元榮 祖明 清還 清戒 淨性 眞秋 如亮 如福	承修少林寺工程碑
二十一年	清寧 淨府 眞濟 眞秋 如清 如記 海潮 海生 海岱 海龍 寂度	海月撰凝然改公碑
二十三年	眞有 如法	林公碑
	祖雙 清太 眞有 如法	九如永公碑
	祖雙 淨林 眞有 如法 海岱	九如禪祖塔紀
四十一年	淨春 海龍	曾友伋重修千佛殿碑

續表

碑題年代	碑題僧名	徵引碑刻
四十五年	祖雪 清泰 清智 淨春 淨府 淨紹 淨安 眞秋 眞柱 眞有 如璧 如惠 如庫 如坤 如棟 如法 海量 海潮 海珠 海建 海彬 寂慶	重修跋陀捌龍王殿碑

這數百少林僧，並未因革命的原因而殉難，一看上表，即已了然。茲更取順治十七年供奉水陸三周圓滿碑，嘉慶七年釋氏源流五家宗派世譜定祖圖碑，及甲表諸碑，再製為乙表。

康乾間少林碑刻諸僧題名表乙

碑題僧名	初見年代	重見年代	備註
玄清（鉉清）	順治十七年	康熙十六年	本表初見重見僧名，除順治、嘉慶二碑外，其餘可查甲表諸碑。
祖元	康熙十六年	康熙二十五年	
鉉魁	康熙十六年	康熙三十四年 康熙五十五年	
祖方	康熙十六年	乾隆十一年	
道興 清顯	康熙二十三年	康熙三十五年	

續表

碑題僧名	初見年代	重見年代	備註
清乾	康熙二十三年	康熙二十五年 康熙二十七年 康熙三十五年 康熙四十四年	
鉉奏	康熙二十三年	康熙二十五年 康熙二十七年 康熙四十四年	
清居	康照二十三年	康熙三十五年 康熙四十四年	
清泰	康熙二十三年	康熙三十五年 康熙四十四年 乾隆四十五年	
淨雲 淨樂 眞喜 眞來	康熙二十三年	康熙四十四年	
清平	康熙二十三年	康熙四十四年 康熙五十五年	
清秀	康熙二十三年	乾隆十一年	
淨陞	康熙二十五年	康熙二十七年 康熙三十五年	
祖良 祖欽 祖權 清瑞	康熙三十四年	康熙五十五年	
祖德 淨眞 眞隆	康熙三十五年	康熙四十四年	
清慧	康熙三十五年	乾隆十一年	
淨法	康熙四十四年	乾隆十一年	
清寧	康熙五十五年	乾隆二十一年	

續表

碑題僧名	初見年代	重見年代	備註
如清	乾隆十一年	乾隆二十一年	
眞秋	乾隆十一年	乾隆十七年　乾隆二十一年 乾隆四十五年	
海龍	乾隆十一年	乾隆二十一年　乾隆四十一年	
淨府	乾隆二十一年	乾隆四十五年	
海岱	乾隆二十一年	乾隆二十三年	
海潮	乾隆二十一年	乾隆四十五年	
眞有　如法	乾隆二十三年	乾隆四十五年	
淨春	乾隆四十一年	乾隆四十五年	
如惠　如庫	乾隆四十五年	嘉慶七年	

乙表可以顯示出這些少林僧，在初見到重見那幾年裏頭，他們都安然生息於寺中，不但證明了陶成章《教會源流考》所說的河南之寺，毀在雍正時代為不可靠。即秘訣十二章所說的中州少林，在康乾間被焚，僧徒死者數百人，也同樣的不可信。福州少林，出洪門假託，其事子虛

烏有，更無待論。與著者賡為同調認少林未被清室焚毀的，有天津《大公報》所載顧承周《少林寺及其僧徒志略》一文。民國二十二年五月三十一日，該報載河南博物館動物研究部主任傅桐生，率領採集員赴嵩山採集動植物標本，宿少林寺中，將近一月，回汴報告，稱其正殿及鼓樓均為火毀，達摩面壁石亦付焚如。顧氏以《嵩洛訪碑日記》作者黃易，於嘉慶元年秋至少林訪碑，拜達摩血影石（即達摩面壁石），毫未提及該寺被焚，遂斷少林的被毀，係在嘉慶元年以後。

民國十九年冬，著者曾據顧炎武十種遺書、陸繼萼《登封縣誌》、麟慶《鴻雪因緣圖記》、日本《世界美術全集》，在主編的國術週刊第十八第二十五期上，撰文證清室並未火毀少林。二十五期付刊後，著者即親到該寺去考察，查得少林的被焚，係民國十七年間事。因傅桐生含糊報告，容易使洪門傳說，為世欲曲解，故於民國二十六年春，復撰紀少林被焚歲

月一稿，刊入拙著《行健齋隨筆》中（有單本行世）。茲將所得少林碑刻及文獻，凡屬顧承周所未見者，製為一表，以證嘉慶元年以後，民國十四年以前，少林並未被焚。

嘉慶以來少林史表

紀年	紀事	文徵
嘉慶元年	黃易訪碑至少林觀達摩面壁石	《嵩洛訪碑日記》
三年	清寧塔墳成其徒淨府為立碑	嘉慶三年心雲寧公碑
七年	淨樂等為元通追立靈塔及碑 眞樂等立釋氏源流五家宗派世譜定祖圖碑	嘉慶七年廣易撰西來堂塔院碑 釋氏源流五家宗派世譜定祖圖碑
八年	清瑞為普會追立靈塔及碑 麟慶代巡撫楊祀嶽至少林，在緊那羅殿前觀寺僧校拳	嘉慶八年靈山會公碑 《鴻雪因緣圖記》
二十年	海山等為邑令黎公立感恩碑 海山等立汝州知州熊禁約碑	嘉慶二十年黎公感恩碑 嘉慶二十年汝州知州熊禁約碑
二十五年	淨府墳塔成，其徒眞禹等為立碑	嘉慶二十五年程震撰善公碑

續表

紀年	紀事	文徵
道光七年	巡撫楊國楨重修鐘鼓樓、御座房、御碑亭是年鳩工	道光九年楊國楨撰重修少林寺碑
八年	鐘鼓樓、御座房、御碑亭重修工竣	揚國楨撰重修少林寺碑
九年	立楊國楨重修少林寺碑 僧會司、寂漣重修甘露台	楊國楨撰重修少林寺碑 道光九年重修甘露台碑
二十二年	寺僧為邑令何公立感德碑 寺僧立邑令何諭禁碑	道光二十二年何公感德碑 道光二十二年登封縣正堂何諭禁碑
二十八年	立蕭元吉贊面壁石碑	道光二十八年蕭元吉贊面壁石碑
三十年	僧會司、德武等重修寺前少陽橋 立外系僧了亮所繪面壁像碑 立舒亨熙、汪瞰贊面壁石碑	道光三十年焦士元撰重修少陽橋碑 道光三十年面壁像碑 道光三十年舒亨熙汪瞰贊面壁石碑
咸豐元年	立賈臻贊面壁石碑 立賈臻、贈德禪師聯碑	咸豐元年賈臻贊面壁石碑 咸豐元年賈臻聯碑
光緒十九年	立沈守廉、周元釗詩碑 周元釗重修中殿	光緒十九年沈守廉周元釗詩碑 光緒十九年周元釗撰重修少林中殿碑
二十年	席書錦撰《嵩嶽遊記》。其述天王殿、鐘鼓樓、緊那羅像、面壁石散見秦槐魏齊碑、唐碑、宋元明碑、初祖庵諸條	《嵩嶽遊記》

續表

紀年	紀事	文徵
民國五年	王雲華補修緊那羅殿	民國五年王學之撰補修緊那羅殿碑
七年	素典立朝五台山路程碑	民國七年朝五台山路程碑
八年	寺僧重修白衣地藏殿 陳萬里遊緊那羅殿、千佛殿及後殿，並覽面壁石	民國八年重修白衣地藏殿 民國八年陳萬里撰《嵩遊十日記》
十二年	恒林圓寂	民國十三年郝西銘撰雲松碑
十三年	妙興為其師恒林立碑	民國十三年劉儒勰撰恒大和尚碑
十四年	段之善遊少林觀面壁石	民國十四年段之善撰《遊少林寺記》

少林的被焚，係寺僧參與樊馮戰爭而發生的，然種因則尚在其前。十七年，建國軍樊鍾秀，乘國民軍後防空虛，奪得鞏偃二縣。旋即被石友三規復，樊乃退圍登封，以少林為司令部。石追至環轅關，寺僧陰助之戰，終以不敵而潰。三月十五日，石至寺，遂縱火焚法堂；次日，駐防登封的國民軍旅長蘇明啟，命軍士抬煤油到寺，將天王殿、大雄殿、

緊那羅殿、六祖殿、閻王殿、龍王殿、鐘鼓樓、香積廚庫房、東西禪堂、御座房等處，盡付一炬，以泄厥憤。精華所在，悉遭火龍浩劫，不僅傳桐生所報告的正殿及達摩面壁石而已。

樊與少林住持妙興，向有密切關係。民國十三年，胡閻戰爭時，樊派蘭世勳運動偃師閻部李鎮亞倒戈。迨其事成熟，值閻部崔繼華由密縣退卻，妙興遂指揮少林僧與李共同襲擊以助樊。建國軍的實力，本甚薄弱，因少林藏有槍枝甚多，故兩次戰爭，樊均利用寺僧作戰，而結果則此一名刹，竟遭犧牲。

查民國九年，臨汝偃師土匪大起，少林住持恒林，夙精武藝，因被推為團總。是年，土匪桿首朱保成、牛邦、孫天章、段洪濤，犯鞏縣魯莊。恒林會同偃師十四十五區鞏縣九區民團，與匪大戰於少林西鐵子坪。匪勢不支，瓦解遠竄，省長張鳳台以獎章獎狀、河洛道道尹閻倫如

以「少林活佛」匾額旌其功。而且那位緊那羅菩薩也沾了恒林的光，張鳳台特獻「威靈普被」匾額一方，以答神庥。

可是因恒林而使少林得到許多槍枝，因得到許多槍枝而寺僧兩次助樊戰爭，因助樊戰爭而緊那羅殿連同那一方威靈普被的匾額，一齊化為灰煙，足見神庥是根本靠不住的。

日本昭和五年五月發行的《世界美術全集》，載有少林寺鼓樓綱目版圖一幀。關野貞在同書六十頁記其正面入口處的八角石柱上，北方右向者，有「大德四年七月日」刻銘，南方左向者，有「大德六年六月日」刻銘，斷鼓樓乃大德四年至六年頃完成。查昭和五年，即民國十九年，少林被焚在其前，則關野貞的到少林，當在其發表此圖與記之前。

少林雖未以革命的原因被焚，而顧炎武借此寺為題，揭露異族統治下的奴隸生活，及表露其革命思想而賦的五古，卻是值得附帶一提的。

詩云：「峨峨五乳峰，弈弈少林寺，海內昔橫流，立功自隨季。宏構類宸居，天衣照金織，清梵切雲霄，禪燈晃蒼翠。頗聞經律餘，多亦諳武藝，疆場有艱虞，遣之扞王事。今者何寂寥？闃矣成蕪穢、壞壁出遊蜂、空庭雊荒雉！答言新令嚴，括田任汙吏，增科及寺莊，不問前朝賜，山僧闕飧粥，住守無一二！百物有盛衰，回旋儻天意，豈無材傑人？發憤起頹廢、寄語惠瑒流，勉待秦王至！」

出家人的生活，尚且被壓榨得闕飧粥而致流離失所，一般人自然可想而知了。惠瑒即隋季擒王世充侄仁則歸秦王的少林十三立功僧之一，舊唐書言王世充父係西域胡，詩末寄語惠瑒流，勉待秦王至，意即在煽動反清革命。洪門的著眼點，在下層群眾，宗法與此詩的著眼點，在智識分子，其途雖殊，其歸則同。

十一、作者及其撰述時期

因為見解上的不同，宗法與秘訣，為何人何時所撰這個問題，著者的論斷，遂與哲東大相逕庭。哲東提出的主張云：「宗法技擊入門次第法篇中有云：『般慧禪師習此二十餘年，遂能別立宗法。其用掌歌訣曰：氣自丹田吐，全力注掌心，按實始用力，吐氣須發聲。』（下略）此節之下有文云：『鐵齋氏曰：掌法先用指點入敵之咽喉部，再平掌按下，覺掌心正及敵人之心窩而後放全力吐出，但吐出時須發聲一喊，令敵人心房猝然受驚，則掌力始到妙處也。』是鐵齋氏言，乃申說般慧歌訣之意者。又此篇有云：『鐵齋氏曰：未嘗練習者，虛力多而實力少，

有直力而無橫力，此誠者閱歷有得之言也。』此誠哉閱曆有得之言也，為別一人讚歎鐵齋氏說之語。又身法示要篇引鐵齋氏說，即繼之云，鐵齋為少林派之鉅子云云，此又後人述鐵齋事蹟之語。觀書中所引方外般慧、秋月、慧猛稱禪師，引俗家高練園、熊劍南稱先生，獨鐵齋稱氏，則此編最初必為鐵齋之藏本。稱鐵齋氏曰者，即其所加之案語。鐵齋氏後，又有人加以贊述，足證此書之輯合，不出一手，其證一。宗法卷末，有『洛陽李鑒堂曰：以上不過略就尋常稱謂，稱為釋之，其餘從闕。或問此中之名稱，有近似者，亦確有至理存焉者，至於踏丹田氣海稱踩太極，未免名不副實，此何意也？余曰：以名實而論，其中不副者甚多，不僅此一端為然，但以個中人多以此稱謂，已成習慣，沿襲既久，未能更易也。是編乃數百年前之舊抄本，魯魚豕亥，訛誤甚多，當是僅識之無之僧徒所抄謄者也。』據此，則技擊術釋名一篇，乃李鑒堂

所作，其前各篇，乃李氏所得之舊抄本。足見此編原有舊抄本，李氏復附入己作，其證二。今更將宗法秘訣相參較，可見此書之最初輯本，蓋為清嘉道以來武術家自托於少林派者之法門及口訣，即兩本中前七篇之文，特其辭當遠較宗法簡約，無論秘訣。其第二次輯本，則益以技擊術釋名一篇，此八篇本即今宗法及秘訣之胚胎。自秘訣第九章至第十三章，為宗法所無者，此當為尊我齋主人裒集，然即此五篇，其來源亦尚非一處。至宗法中之圖勢，秘訣無之，則宗法之輯合者，又非尊我齋主人所為，此兩種並可謂之第三次輯本也。」歸納上述的見解，顯然可以看出哲東主張宗法與秘訣是照下頁表發展而來的。

哲東這個見解是否能成立？其關鍵全在鐵齋氏曰之文。鐵齋氏曰之文，宗法見於第三篇的有兩段，首段在般慧禪師用掌歌訣後，次段在橫直虛實力之辨別一子目下。見於第七篇的也有兩段，俱在吞身法一段之

鐵齋未加案語本
鐵齋加案語本
（第一次輯本）贊鐵齋案語本
洪拳舊譜
（第二次輯本）李鑑堂本
九至十三年
（第三次輯本）少林宗法
（第三次輯本）少林拳術秘訣

後，茲將第三篇次段全錄於下，以觀哲東之說能否站立得住。

「（戊）橫直虛實力之辨別，鐵齋氏曰：『未嘗練習者，虛力多而實力少，有直力而無橫力。』此誠哉閱歷有得之言也。橫力之練習，以分龍及剪手習之，久則橫力生焉。直力則由於吐自腋裏為實直，否則虛實而已。其根源以氣功之深淺厚薄為辨，能於吾宗所傳之龍、虎、豹、蛇、鶴五形拳法，精熟有得，則此又其淺焉者矣。」

若謂「鐵齋氏曰，未嘗練習者，虛力多而實力少，有直力而無橫力」這幾句是案語，那麼，鐵齋氏曰之前，應該還有被案之語，今鐵氏

曰之前，並無被案之語，可見鐵齋氏曰這幾句，決不是什麼案語。以此為據，其餘三段，連帶可以證其全非案語。

著述之中，有係案語而冠以某某氏曰者，有係偽為案語而冠以某某氏曰者，有係稱述他人之語而冠以某某氏曰者，有係偽為稱述他人之語而冠以某某氏曰者。鐵齋氏曰之文，既有第三篇次段證其非案語，則鐵齋氏曰四段，非宗法稱述鐵齋之語，即宗法偽為稱述鐵齋之語。哲東未注意此段鐵齋氏曰之前沒有被案之語，單注意鐵齋氏曰之後有別一個人之語，所以他誤認鐵齋氏曰之文為案語。

哲東的又一主張，他以為書中所引方外般慧、秋月、慧猛稱禪師，引俗家高煉園、熊劍南稱先生，獨鐵齋稱氏，故認最初必為鐵齋之藏本，稱鐵齋氏曰者，即其所加之案語。著者認鐵齋獨稱氏，不能作為案語的例證，因稱述他人之語或偽為稱述他人之語，亦可用某某氏曰，並

不限於案語必稱氏。

著者認宗法李鑒堂語，原來分隸兩處。前段「洛陽李鑒堂曰，以上不過略就尋常稱謂，稍為釋之，其餘從闕。或問此中之名稱，有近似者，亦確有至理存焉者，至於踏丹田、氣海稱踩太極，未免名不副實，此何意也？余曰：以名實而論，其中不副者甚多，不僅此一端為然，但以個中人多以此稱謂，已成習慣，沿襲既久，未能更易也」，應隸第九篇技擊術釋名末。後段「是編乃數百年前之舊抄本，魯魚豕亥，訛誤甚多，當是僅識之無之僧徒所抄謄者也」，應隸洪拳舊譜首。因此譜係洪門所傳，洪門係清初秘密結社，故鑒堂用約辭稱為數百年前舊抄本。

因洪門海底假託此拳出少林，又因譜經傳抄而生錯簡（如運用之妙，訛運用之別，烏龍擺尾，訛馬龍擺尾之類是），故鑒堂指其魯魚豕亥，訛誤甚多，為僅識之無之僧徒所抄謄。不明校讎義例者，將李語合

而為一，哲東遂據以斷「技擊術釋名一篇，乃李鑒堂所作，其前各篇，乃李氏所得之舊抄本。」使如哲東主張，必後段三十三字，在拳法歷史與真傳篇之後，技擊術釋名篇之前，其說方能成立。今此三十三字，在技擊術釋名篇之末，洪拳舊譜之前，其論證便無能支持。

宗法第一篇練氣，其運使、呼吸、剛柔三節，係據洪拳譜第七、第八、第十三、第四十二、第四十四、第四十六、第七十、第七十二、第一百、第一百十四、第一百十五、第一百十六諸圖說。第八篇龍拳練神、虎拳練骨、豹拳練力、蛇拳練氣、鶴拳練精五解，係據洪拳譜第一圖說。第九篇釋陽手，係據洪拳譜第一百十七圖說。釋陰乎，係據洪拳譜第一百十六圖說。釋吞吐法，係據洪拳譜第三十九、第四十兩圖說。釋英雄獨立，係據洪拳譜第一百三十七圖說。釋烏龍擺尾，係據洪拳譜第一百五十五、第一百五十九、第一百六十、第一百六十二諸圖說。釋

黑虎推山，係據洪拳譜第一百七十二圖說。釋白虎望路，係據洪拳譜第一百七十一圖說。釋白虎翻沙，係據洪拳譜第一百七十三圖說。釋踩八卦，係據洪拳譜第一百零八、第一百零九、第一百十、第一百十一、第一百十二、第一百十三、第一百十四、第一百十五、第一百十六、第一百十七、第一百十八諸圖說。釋地盆與半馬，所據之圖說甚多，不一一贅舉（八字及一字地盆，雖圖與說畔，然八十八圖右足，尚存其形，可證不合諸圖，皆輾轉摹繪所訛）。

宗法第一、第八、第九諸篇，雖不全據洪拳譜而作，然以此譜為重要骨幹，則有圖說可證。哲東認譜為李鑒堂以後人輯入，似未深考。

宗法第三篇次段子目下，鐵齋氏曰之前不見雙字，此可證絕無鐵齋未加案語本。鐵齋氏曰之前無隻字，案語無自而生，此可證絕無鐵齋加案語本。李鑒堂曰後段三十三字，不在拳法歷史與真傳篇之末，而在技

擊術釋名篇之末，此可證李鑒堂以前絕無如哲東所云的舊抄本。洪拳譜為宗法重要骨幹，此可證其原本附有洪拳舊譜。

我人既知宗法作者為一反清人物以後，我人既知宗法以柔術名技擊採自東籍以後，我人既知禪與武藝結合的理論源出日本以後，不由得會意識到宗法作者是滿清末造僑居日本的革命黨人。中國革命黨人集結於日本，係在甲午戰爭即光緒二十年以後。據武士道史十講，明治時代自三十四年即光緒二十七年起，才重複用本國文寫作武士道書，及輯合古代武士道舊籍編為叢刊。故這位革命黨人受其影響而撰述宗法，必然在光緒二十七年以後。

據武庫少林宗法條，宣統三年上海《天鐸報》刊載的合李語本，係盧煒昌得於山西友人，故宗法的撰述，必然在合李語本以前。

著者認為宗法九篇，係據洪門海底及其拳譜、日本武士道理論、世

俗所稱十八手鼻祖、內家文獻、《聖武記》、《江南經略》、《五嶽遊草》，及其一己的師傳心得閱歷、杜撰的史事、虛擬的人物，揉合而成。茲取哲東的論證方法，略易其語句，以斷宗法作者之究為誰何：「觀書中稱方外曰禪師曰上人，稱俗家曰先生曰氏，獨李鑒堂只稱姓名，其表露作者口吻的李鑒堂曰一節，復在九篇之末，則宗法即為李鑒堂手筆無疑。」

宗法直接或間接由李鑒堂的黨徒傳抄流布，那是一件必然的事。我人從宗法作者的革命運動，體味到秘訣作者在書中加進去的「以留當年之雪泥紀念焉爾」一語，發見修改宗法及添作九至十三章的尊我齋主人，是李鑒堂的同志，而且做過革命工作的。

尊我齋主人得宗法佚圖本時，李鑒堂語兩段已是合抄，僅從同志間聞此九篇，並非數百年前舊抄本，故將百字改為十字。其實自光緒二十

七年到秘訣出版，前後不過一十五載，尊我齋主人未與李鑒堂發生過直接關係，又未知後段數語原在洪拳舊譜之首，以致所改不能合於宗法的實際撰述時期。

哲東認後五章的來源，亦不出一處，他提出來的證明方法有兩個：其一，前八章與後五章彼此牴牾。其二，後五章自相牴牾。

著者以為前八章係李鑒堂所作，後五章係尊我齋主人所作，書非成於一手，牴牾不足為異，故不能以前八章來證明後五章的來源不出一處，只能證明前八章與後五章的來源不出一處。後五章自為牴牾處，哲東所舉如次：「五篇中自為牴牾者：如南北師法篇，既以一貫為黎平胡某之師，胡某為道咸時人，則一貫亦清中葉人耳，而明季少林之變派篇中，復謂粵中蔡九儀為一貫高足。九儀崇禎時以武科起家，為洪經略承疇之軍令承宣官，此二說豈不顯相乖剌乎？觀此諸證，可知九章至十三

章，皆尊我齋主人所輯合，其來源又不出一處也。」

從自為牴牾處來辨別作品的不出一手，雖為考證方法之一，但不是絕對合用的。因為出於一手的著作，有時也會得發生牴牾，徐珂清稗類鈔自序，已先吾而言：「載筆之難，學者所歎，明胡應麟記誦淹博，所著《少室山房筆叢》，尚不免時有牴牾。陳堦著《日涉編》，日紀故事，間以古詩繫於下，六月二十三日下有宋張耒《夜泊林里港》詩，而七月二十三日下亦載之。清紀文達之博洽，並世無兩，而《灤陽續錄》所載介野園宗伯之詩，為金吏部尚書張大節作，第有五字不同，殆誤收金人詩為近人耳。孫星衍考訂金石之詳瞻為世所稱，而寰宇訪碑錄校釋碑文重至一再，既列之於唐，又列之於宋：甚或新拓本年月既泐，而舊拓本尚存，既據舊拓本按年月以編入，又據新拓本以附之於無年月類，凡若此者，賢者不免」所以此一方法，是不能無條件適用的。

今請證秘訣九至十二章，係尊我齋主人所撰，非由輯合而來。第九章：「降及晚明，天不祚漢，寶鼎播遷，銅駝荊棘，故宮禾黍，天潢貴胄，飄零嶺海，借逃禪為恢復之地，以寺剎作避難之場，於是有棲身少林，剃度皈依者。斯時也，燕晉雖淪為異域，滇黔猶保其殘山，瓊崖之帝星未墜，台澎之正朔猶存，故老皇宗，雖身在塵埃，而志慨河山，振精勵神，磨筋練骨，取少林之絕技，朝夕勤修，沉心孤往。」

第十章：「滿清入關，華夏淪為異域，忠烈遺民，與夫宗社故老，常有規復河山之志，又懼為滿族所得，故有薙度為僧，不忘故國，有遁跡深山，暫易姓名者。各有敵愾同仇之心，遂懷枕戈臥薪之志，乃發揚蹈勵，鍛鍊筋骨，此技擊之術，遂有聞人。」

第十一章：「少林技術之傳，以明室鼎革後，至前清順康數十年中，為練習最精時代。顧斯時有明代天潢貴胄之裔，與故老遺民忠烈俠

義之士，憤宗社之邱墟，痛種族之淪喪，恢復無計，偷生草莽，至無可如何時，相與遁入空門，借禪關清淨之地，以匿跡韜光，隱待時機之至。又恐此身委靡，習於疏懶，遂殫精奮力於技擊之練習，欲以臥薪嚐膽之志，而為滅胡興漢之謀，於是朝乾夕惕，唯日孜孜而不已。且更互相研習，精益求精，而少林宗法技術，至是乃臻於絕頂之域，而為前此數百年所未有。」

第十二章：「滿清康乾之間，少林技術漫衍於大江南北，為數百餘年所未有，不知者以為宗風所扇，流傳斯盛，然一考其致此之由，實含有無窮之悲觀。故宮禾黍，銅駝荊棘；雞鳴戒旦，人懷敵愾同仇之心；擊楫中流，士有披髮為戎之懼。當其時，明社已屋，河山改色，神州陸沉，英雄墮淚，深山窮谷之中，不乏傷心故國之士，匿影禪關，時殷運甓，似少林之技術，鼓逋臣之血氣，揮拳運掌，礪精砥神，變本加厲，

絕技斯擅。」此一史事，係從宗法第一篇愛國一段所衍出，若不出一手，是不會同條共貫的。

今請證秘訣第九、第十、第十三章，係尊我齋主人所撰，非由輯合而來。第九章：「求神通於宗法形跡之外，悟解脫於恐怖罣礙之中，了卻生死關頭，而後大雄大關大無畏，證入涅槃世界，始能無法無我無眾生，此禪宗之學，所以為斯道之正法眼藏也。」第十章：「人生唯生死乃一大關頭，此關不破，則種種障礙，隨之而起，常有技擊之功，已臻絕頂者，一遇猝然變端於生死呼吸之會，則心膽俱落，手足失措者有之，何以故？即生死之關不破故。雖然，生死之為道大矣！不參證，又何以澈悟？不靜默，又何以參證？欲勘破生死關頭，總須從靜中悟出端倪。」第十三章：「技擊之膽力一端，若不從禪功上著力，則生死呼吸之會，頗難方寸不亂，處之裕如。」此一理論，係從宗法第一、第八篇

解脫生死之說所衍出，若不出一手，是不會同條共貫的。

後五章既出一手，第十、第十二兩章一貫時代的牴牾，著者認為是尊我齋主人特留的罅隙，使讀者因此等乖剌而懷疑，因懷疑而其書的假托得以顯露，因假托的顯露而其革命史事不至傳誤，微獨第十、第十二章間的牴牾，有此用意，即後五章與前八章間的牴牾，也是如此。

例如秘訣第二章謂十戒之約，始於晚明圓性禪師，而十一章則謂創自覺遠上人。第七章謂覺遠的增益少林拳法，係金元時事，而第十章則謂覺遠的高足一貫，授技於道咸間人胡某。創十戒的圓性生於晚明，覺遠的增益拳法為金元時事，皆秘訣作者所親注。此種盡人可見的牴牾，造偽者唯恐彌縫不密，而親自作注的尊我齋主人，唯恐人不知，反屢屢牴牾以顯露其偽，苟非別有用意，當不若是其糊塗。

秘訣十一章少林第二時代戒約中，謂「少林技術之馬步，演習時，

以退後三步，再前進三步，名為踏中宮。」與宗法洪拳譜第三、第五圖的前進三步，退後三步，名為踏中宮者相反（宗法第二篇，謂遇敵欲傳時，以先退三步，再進一步半名踏中宮。此非牴牾，當是傳敵與演習異耳）。又謂「少林派之演拳械時，兩手作虎爪式，以手背相靠，平與胸齊。」與宗法第二篇的以左手握拳，右手拊其背者相異（宗法洪拳譜第一圖，右手握拳。左手拊背，此亦輾轉摹繪所訛。據技大觀編者姜某云：陳本洪拳圖，係施凌波重繪）秘訣十二章，謂少林五拳「龍拳練精，虎拳練力，豹拳練骨，鶴拳練精」與宗法洪拳譜的「龍以練神，虎以煉骨，豹以煉力，鶴以煉精」者相異。秘訣十二章，謂五拳之次第「以虎豹為先，蛇次之，鶴又次之，龍拳最後」，與宗法洪拳譜的以虎豹為先，龍次之，蛇又次之，鶴拳最後者相異。

著者因洪拳譜與宗法第一、第八、第九諸篇相合，故證為宗法所原

有。因洪拳譜與秘訣第十一、第十二兩章不合，故證尊我齋主人所得者為佚圖本。佚圖本之得，在其參加革命運動時，故第八章末，有以留雪泥紀念之語。

尊我齋主人的改訂前八章及添作後五章，其時在光復之初，即民國四年，或四年以前。故第二章有現在光復大漢，已成事實的案語，第十一章有少林第一時代之戒約，含國家主義種族主義，今則此志已經達的案語；第十一、第十二章，文中有前清字樣（第六章前清二字，宗法原無，可證其為改訂時所加），此皆為作於民國時代的切證。第九章降及晚明，天不祚漢，寶鼎播遷，銅駝荊棘，故宮禾黍等語，第十章滿清入關，華夏淪為異城，忠烈遺民，與夫宗社故老，常有規復河山之志等語，措辭毫不忌諱，此亦可證其作於民國時代。

宗法作於光緒二十七年以後，合李語本以前，前後不足十載，在此

十載內的合李語本，其內容與宗法當無多大變異；秘訣後五章，有史事理論證其出於一手，非由輯合而來，茲據此見，製成一表，以明秘訣與陳本的來源：

宗法原本——合李語本
- 陳鐵生本
- 佚圖本——少林拳術秘訣

將洪拳舊譜之首的三十三字，抄在技擊術釋名篇李鑒堂曰一段之後的本子，即著者所稱的合李語本。秘訣此段，雖經潤改，然一與陳本比證，立即可以考得其所據的佚圖本，亦出合李語本。陳鐵生據秘訣校合李語本時，稱其少有倒置及零亂處，其實，這卻是合李語本的真面目。

尊我齋主人發揮的禪觀練膽法，與李鑒堂是一貫的，從其老師的姓氏來觀察，可以斷定他也僑居過日本，也受過日本武士道理論的影響。

附錄一　少林宗法圖說考證

徐震　哲東稿

是書近由國術統一月刊社印行，據唐君范生跋，民國十二年曾在振民編輯社出版。自一章至八章各篇，大致與中華書局出版之《少林拳術秘訣》相同，其間篇目之不同，多寡之互異，已具唐君跋中，不多述。唐君於是書，斷為清季拳家，假託少林，煽集革命志士，圖謀光復河山之作。以予觀之，此書乃輯合眾說而成，其史事之傳說，則與幫會有關。其取材則兼採南北各派，實以湘派武術為本，其文辭則直是民國以來人所潤色。

何以知是書乃輯合眾說而成？案宗法技擊入門次第法篇中有云：

「般慧禪師習此二十餘年，遂能別立宗法，其用掌歌訣曰：氣自丹田吐，全力注掌心，按實始用力，吐氣須發聲。」（下略）此節之下有文云：「鐵齋氏曰：掌法先用指點入敵之咽喉部，再平掌按下，覺掌心正及敵人之心窩，而後放全力吐出；但吐出時須發聲一喊，令敵心房猝然受驚，則掌力始到妙處也。」是鐵齋氏言，乃申說般慧歌訣之意者。又此篇有云：「鐵齋氏曰：未嘗練習者，虛力多而實力少，有直力而無橫力，此誠哉閱歷有得之言也。」此誠哉閱歷有得之言也，為別一人讚歎鐵齋氏說之語。又身法示要篇引鐵齋氏說，即繼之云，鐵齋為少林派之鉅子云云，此又後人述鐵齋事蹟之語。觀書中所引方外般慧、秋月、慧猛稱禪師，引俗家高練園、熊劍南稱先生，獨鐵齋稱氏，則此編最初必為鐵齋氏之藏本，稱鐵齋氏曰者，即其所加之案語，鐵齋氏後又有人加以贊述，足見此書之輯合，不出一手，其證一。宗法卷末，有「洛陽李

鑒堂曰：以上不過略就尋常稱謂稍為釋之，其餘從闕。或問此中之名稱，有近似者，亦確有至理存焉者，至於踏丹田氣海稱踩太極，未免名不副實，此何意也？余曰：以名實而論，其中不副者甚多，不僅此一端為然，但以個中人多以此稱謂，已成習慣，沿襲即久，未能更易也。是編乃數百年前之舊抄本，魯魚豕亥，訛誤甚多，當是僅識之無之僧徒所抄謄者也」據此，則技擊術釋名一篇，乃李鑒堂所作，其前各篇，乃李氏所得之舊抄本。足見此編原有舊抄本，李氏復附入己作，其證二（所謂其前各篇文辭，並不與今所見之宗法盡同，緣今之宗法，又經李氏以後人修改潤色，絕非李鑒堂所得時之面目，此說於下詳之）。

何以知史事之傳說與幫會有關也？案秘訣第十二章明季少林之變派篇中有云：「考少林之技術，雖自朱明鼎革以後，得故老遺烈為之發揮光大，始克成一種完全無缺之術；然其日就式微，有一蹶而莫能振者，

亦由於此。蓋以少林為明室故老逋逃之淵藪，至滿清康乾間，已漸為人所聞知，試觀少林寺之兩次焚毀，僧徒死者數百人。」下有注云：「斯時國內有兩少林寺，一在中州，一在閩中。」所言明代遺民志在復漢，及清帝焚南方少林寺之說，此乃紅幫中相傳之故事，見於日人平山周所著之《中國秘密社會史》（手頭無此書，不能徵引，只得略言其意）。

此書所言拳術，實以湘派為本，湘中既為紅幫盛行之地，其拳家則幾乎皆稱少林派。紅幫起源，本與明室遺老有關，而幫會中人，復多通識武技，然則此派少林拳史事之傳說，當由武術家之在幫者所演成也。又紅幫以湘、黔、蜀、陝、鄂等省為盛，而此書所述拳派，常及此數省，是亦一證也。

何以知其取材雖兼採南北各派，實以湘派武術為本？案書中所言地盆、十八手、五拳等，最與湘派相合，其所述吞吐等名稱，亦與湘派少

林合。秘訣第七章拳法歷史與真傳中按語謂：「李氏之棍係單頭式。」在第十二章明季少林之變派中，又極稱單頭棍之善。湘派少林亦重單頭棍，觀《武術匯宗》述自然門口訣云：「吞身如鶴縮，吐手若蛇奔。」又謂自然門器械為單刀及單頭棍。自然門即湘派少林之一支也，吾友劉協生先生為湘中少林名手，其所練之羅漢功與十八手極近，其五拳為龍、虎、豹、鶴、猴，與此大同小異，皆可證明。又書中述湘派而外，於江西、關中二派所取較多，其中述江西派鉅子熊劍南先生之秘傳遺語（見兩本中第五章）者有兩段，述關中派高欒園之說凡有四處，述高氏事者有二處（此據秘訣而言。秘訣述高氏說者：㈠見第三章技擊入手法。㈡見第四章通行裁手法第一節。㈢見第四章之第二節。㈣第十三章神功說引三原高氏語。述其事者：㈠第四章之第一節。㈡第十章南北派之師法中第一節。書中引高欒園說處，雖未言其為陝西人，但以技擊入

手法中述高濼園言掌法云：「拇指須緊貼掌緣……前四指亦須緊排平直」，此篇掌法中言南北掌法之異，謂北派多四指緊排，拇指曲貼掌緣，南派般禪掌，則鉤四指如鷹爪，是可證高濼園為北派陝西之拳，應歸北派，於此可證第四章中所言余遊秦中，在涇源遇一高姓者，以精於猴拳著聲關內外，及第十章南北派之師法篇中陝人高某，及第十三章中引三原高氏曰，雖皆不明言為高濼園，其實皆為高濼園也），此外黔派、廣東、浙、皖、河南等派，亦有採取，然大部所言，皆湘派也。

何以知其文辭則為民國以來人所潤色？案秘訣第二章五要說有案語云：「現在光復大漢，已經成事實，而強鄰環峙，侵奪頻仍，其痛更有十倍於亡明遺族者，願讀者更有所注意也。」此明明為民國時人語，足為民國時人潤色文辭之證，則書中用日本柔術之名，固無足怪耳。

今更將宗法秘訣兩本相參較，可見此書之最初輯本，蓋為清嘉道以

來武術家自托於少林派者之法門及口訣，即兩本中前七篇之文，特其辭當遠較宗法簡約，無論秘訣。其第二次輯本，則益以技擊術釋名一篇，此八篇本，即今宗法及秘訣之胚胎。自秘訣第九至第十三章，為宗法所無者，此當為尊我齋主人所裒集，然即此五篇，其來源亦尚非一處。至宗法中之圖勢，秘訣無之，則宗法之輯合者，又非尊我齋主人所為。此兩種並可謂之第三次輯本也，請遂證之。

案兩本中皆引高灤園說（宗法作高練園）。高灤園即書中所稱關中精於猴拳之高氏，亦即秘訣南北派之師法篇中李鏡源曾從受學之陝人高某，吾前已考明。李鏡源為道咸時人，則高灤園當為嘉道間人。又滕黑子及黎平胡某皆道咸時人，則滕氏所師事之曹廷玉、胡某所師事之一貫禪師、一貫所師事之覺遠上人，亦必嘉道間人。書中稱述高灤園、覺遠之說，足證其為嘉道以來之遺緒。所稱慧猛、洪惠、般慧、秋月等說，

亦當為道咸以來武僧之緒論，其人非出偽托，其言亦皆有來歷。觀於洛陽李鑒堂語（秘訣略同，而不著李氏名），即自言釋名為己所作，又詆此編為僅識之無之僧徒所抄勝，可見李鑒堂前已有成編，其中多載僧徒之言，李鑒堂又附入一篇，故定八篇本為今宗法、秘訣兩本胚胎。緣此八篇中除空論及述事外，其言練法、用法、口訣，兩本皆同也。自第九章至十三章，既為宗法所無，且其間所採各說，復有與前七篇牴牾者。如前七篇中云：十戒之約始於圓性禪祖，後經痛禪上人稍為增易（見第二章五要說之第五節）；至少林戒約微言，又言初創十戒者為覺遠，其牴牾者一。又如前七篇中云：吾宗術法，雖創始於達摩，而推章變化以臻厥大成者，則以圓性禪師為首屈一指（見第二章五要說之第五節）；而十二章中，又謂考斯術之源流派別，雖不能謂為達摩之創立，然自達摩師後沙門之以技擊顯者，遂不絕於時，其牴牾者二。前七篇於解裁手

法，謂現揮拳高舉，闢頭而下等四相者，可以不言而知為外家，是以外家為技術粗劣者之名也。而十二章中則云：何以謂之內家？即塵世間普通之稱，如佛門之所謂在家出家是也；外家者：即沙門方外之謂，以示與內家有區別也（據宗法拳法歷史與眞傳篇之附述，謂外家之力，其來也猛，猛則多浮而鮮沉，內家之力，其來也若在有意無意之間，必抵隙沾實，而後全力一吐，此與秘訣十二章中所言內家外家之意義絕異，但秘訣於此文中，外家作俗家，內家作名手，或者宗法又為後來所竄改，故不引之），其牴牾者三。至五篇中自為牴牾者：如南北師法篇，即以一貫為黎平胡某之師，胡某為道咸時人，則一貫亦清中葉人耳，而明季少林之變派篇，復謂粵中蔡九儀為一貫高足，九儀崇禎時以武科起家，為洪經略之軍令承宣官，此二說豈不顯相乖刺乎？觀此諸證，可知自九章至十三章，皆尊我齋主人所輯合，其來原又不出一處也。至宗法之圖

勢，原不與此編相連，故尊我齋主人輯為少林拳術秘訣時，未之收入。將圖勢與八篇輯合者，自必別為一人；其輯合之時，不知與尊我齋主人孰先孰後？要之，皆在李鑒堂本以後。故此兩種，皆第三次輯本也。然此不過就其顯跡言之耳，其間經傳抄者及輯合者改易舊文，竄入己語，又不知幾次。緣習拳者縱能下筆為文，於治學方法，較讎義例，固非所知也。秘訣與宗法八篇中文辭不同，其故在是。書中用柔術等名稱，其故亦在是。考二書之出版，則秘訣在前，宗法在後，秘訣首篇開端云：「柔術之派別，習尚甚繁，而要以氣功為始終之則，神功為造詣之精。」此緣秘訣以氣功闡微篇始，以神功說篇終也。又其第十章第十二章中，亦言神功（第十章述滕黑子一節中，謂外工之練習，乃肉體筋骨所有事，而內功之修養，實性命精神所皈依，離而二之，則為江湖末技，合而一之，則為神功極致。第十二章，略謂皖浙派技擊法，專力於

神功呼吸之學），至宗法既無第十三篇之神功說，書中又絕無述及神功處，首篇開端，文亦與秘訣同，疑此一段，為民國四年以後校者據秘訣竄入，或據秘訣改其原文。又宗法裁解通行法中，兩用「術語」（見第七法後注中），身法示要中，亦有「術語」二字（見第二節注）。此二字民國三四年間尚未見行用，秘訣於前兩用「術語」處，皆作「術家」，後一處秘訣無其文，則宗法此處，必為民國十二年出版時所改定也。

由上諸證，此書非一人一時所撰成，顯然可見。至此派拳術，所以稱少林者，蓋其始為僧徒所傳授，故書中多述某禪師某上人之言。僧徒尚武者，自明以來，少林即已著名，故釋子擅武技者，多自托於少林，即非釋子，亦以附於少林自重。今按之書中所述源流，絕不得與少林係聯之跡，則其不可信決矣。書中所載少林前後十戒，據五要說，謂前者出於圓性，後者出於痛禪。據戒約微言，謂前者出於覺遠，後者不言出

誰氏。此由兩文來源不出一處，故有此岐異之說，吾前既言之矣。

唯推尋前後諸文，覺遠之名屢見，必實有其人，圓性、痛禪則僅見此處，當為偽託。前十戒之文，出於覺遠，容為事實，以其用意僅據釋門之常規，不離僧徒之恒情。至後十戒乃含有種族主義，興復思想，自非幫會中人不敢出此。如戒約第二條，有每日晨興，必須至明祖前行禮叩禱云云，尤為幫會有關之鐵證（閱平山舟之《中國秘密社會史》可見，此間無此書，不能徵引也）。十戒何時人所立？已不可知，故戒約微言中，不言立戒者為誰，五要說中謂出痛禪上人者，蓋紅幫中人所假托，輯此書者，亦不過承襲其傳說耳。

今更將吾與唐君所見之異同一言：凡唐君謂此書所言之少林拳，只是依托，並非明代少林一派；又謂書中含有排滿復漢之意義，咸與吾所見略同。獨唐君謂此書為清光緒間人一手造成，則吾未能與之一致也。

附錄二　洪門傳說索隱

唐豪　范生著

秘訣胚胎於宗法，宗法胚胎於洪門拳譜和洪門傳說。洪門拳譜的內容，已詳拙著考證，茲不贅述。這篇索隱，是為了使讀者進一步明白洪門傳說真相而作的。

甲　洪門宗旨及其所奉始祖

蕭一山《近代秘密社會史料》（以下簡稱史料），卷四所載倫敦不列顛博物院編入Oriental 2339冊的先鋒對答，述洪門宗旨云：「問爾來拜天地會欲作何事？答要反清復明。」反清復明四字，傳說中有一段神

話，謂出現於五祖所獲的白定爐上，這當然是假托。

明太祖姓朱，以洪武為年號，故俗稱明太祖為朱洪武。史料卷一所載不列顛博物院編入Oriental 8207D冊的的神主，題「大明天子皇帝歷代萬歲萬萬歲位。」Oriental 8207K冊的洪門總圖，其第三幅中洪武通寶，據平山舟《中國秘密社會史》第二章稱，此係黨人所用憑證，故以神主及洪錢來觀察，可見洪門所奉的太始祖朱洪英，就是明太祖朱洪武。所由改武為英者，因為他是一個驅除異族的英武領袖。

乙　洪門傳說與少林掌故

組織洪門者，不是智識階級，對於少林掌故，決不能如此熟悉地假借唐碑中的記事來作附會。

開元十六年裴漼少林寺碑云：「寺西北五十里有柏谷墅，群峰合

沓，深谷逶迤，複磴緣雲，俯窺龍界，高頂拂日，傍臨鳥道，居晉成塢，在齊為郡，王充僭號，署曰轅州，乘其地險，以立烽戍，擁兵洛邑，將圖梵宮。皇唐應五運之休期？受千齡之景命，掃長蛇薦食之患，拯生人塗炭之災，太宗文皇帝，龍躍太原，軍次廣武，大開幕府，躬踐戎行。僧志操、惠瑒、曇宗等，審靈卷之所往，辨謳歌之有屬，率眾以拒偽師，抗表以明大順，執充侄仁則以歸本朝。」古於人名，有時省其上一字，故裴碑稱王世充為王充。武德四年秦王告少林寺教書云：「王世充叨竊非據，敢逆天常，窺覦法境，肆行悖業，今仁風遠扇，慧炬照臨，開八正之塗，復九寓之跡，法師等並能深悟機變，早識妙因，克建嘉猷，同歸福地，擒彼凶孽，廓茲淨土，奉順輸忠之效，方著闕庭，證果循真之道，更宏像觀，聞以欣尚，不可思議，供養優賞，理殊恒數。今東都危急，旦夕殄除，並宜勉終茂功，以垂令範。」教中擒彼凶孽，

就是指寺僧擒充侄仁則。教中東都危急，旦夕殄除，並宜勉終茂功，以垂令範，就是指充被圍洛邑，勉寺僧繼續效命。

開元十一年賜田牒云：「僧等去武德四年四月廿七日，翻城歸國；其月卅日，即蒙敕書慰勞，敕書今並見在。當時即授僧等官職，但僧等止願出家，行道禮拜，仰報國恩，不取官位。」牒中翻城歸國，就是指擒充侄仁則。牒中敕書慰勞，就是指秦王賜少林寺教書。據舊唐書載，世充之父本西域胡，史料卷五所載不列顛博物院編入Oriental 8207B（1）冊的少林寺怨詩，中有「此係胡人西魯國」之句，可見洪門傳說的平西魯，是從王世充的身世與擒充侄仁則變出的。立功以後的不願為官，是採取賜田牒中僧等止願出家諸語而來的。

史料卷四所載不列顛博物院編入Oriental 8207G（1）的問答書，謂木楊城是「唐李世民所造」的，所以詩中有「唐王始立木楊城」之句。

《中國秘密社會史》第三章，言三合會（洪門一名三合會）的木楊城，以木門為之，上插旗幟，以參拜唐太宗為宗教儀式，即獻之於少林寺以為根據者。旗分五部，凡有集會均用之。

可見史料卷一所載不列顛博物院編入Oriental 2339冊的碑亭，其所題「香李朱洪主」，李為李世民，朱洪為朱洪武，李朱都是驅除異族的英武領袖，所以洪門尊李世民與朱洪武為香主。

裴碑云：「大業之末，九服分崩，群盜攻標，無限真俗。此寺為山賊所劫，僧徒拒之，賊遂縱火焚塔院，院中眾宇，倏焉同滅。」洪門傳說中的少林被焚，就是從這一掌故變出的。

史料卷二所載不列顛博物院編入Oriental 8207D冊的西魯字，謂少林在福建福州府圃龍縣九蓮山。卷四所載不列顛博物院編入Oriental 8207B（1）冊的稟進辭，謂少林在福建福州府福田縣九連山。《中國秘密社

會史》第二章天地會，謂少林在福建福州府浦田縣九連山。第四章哥老會，謂少林在山東。無名氏的洪門秘書西魯傳，謂少林在福建福州府盤龍縣九連山。洪門以福建為長房，唐王聿鍵監國於福州，故傳說中的少林，除後起的哥老會，一致謂在福建福州府。其縣名山名係後來增入，所以彼此不同。茲將縣名山名製為一表，以示衍變。

九蓮山
- 九連山——福田縣九連山——浦田縣九連山
- 圍龍縣九蓮山——盤龍縣九連山
- 山東

唐人所作石淙序，謂少室若蓮，袁宏道嵩遊記一，謂當地土人稱少室曰九頂蓮花寨，真少林中的登封少林，即在九頂蓮花寨五乳峰麓，山可稱寨，九蓮山為九頂蓮花寨的縮名，此為產生九蓮山這一本的由來。

順治三年，清兵大舉入閩，隆武（即唐王聿鍵建國年號），倉卒出走，

將至汀州，因曝龍衣停留一日，被執殂於福京，捕圃形聲均近，此為產生圃龍縣九蓮山這一本的由來。

九蓮山這一本傳到廣東以後，黨人因為該省有一九連山，所以改蓮為連，此為產生九連山這一本的由來。圃龍縣九蓮山這一本傳到廣東以後，黨人因圃字不得其解，又因該省有一九連山，所以改圃為盤，改蓮為連，這是產生盤龍縣九連山這一本的由來。九連山南連增城博羅，增城的東南博羅的西北有地名曰福田墟，廣東黨人改墟為縣，增入九連山那一本，此為產生福田縣九連山這一本的由來。

其後訛福為浦，此為產生浦田縣九連山這一本的由來（與考證第十篇所云略異，今從此說）。山東哥老會黨人，熟聞九蓮山即九頂蓮花山，因沂水縣亦有一九頂蓮花山，所以改九蓮山那一本為山東，此為產生山東這一本的由來。

丙　洪門傳說與南明史事

洪門傳說的五祖，亦稱五房。史料卷四所載不列顛博物院編入Oriental 2339冊的先鋒對答，詩中有「五房分派盡姓洪」之句，洪門以反清復明為宗旨，奉朱洪英為太始祖，可見所謂五房盡姓洪者，乃隱朱以為洪，猶之改武以為英是一樣的。太祖後裔抗清的：有福王由崧，魯王以海，唐王聿鍵與聿鐭，桂王由榔。五祖之數五，五王之數也是五，五祖是朱洪武即朱洪英之後，這是五祖影射五王的第一個證據。史料卷首所載不列顛博物院編入Oriental 8207K冊的洪門總圖一，卷一所載不列顛博物院編入Oriental 8207D冊的旗幟，卷二所載不列顛博物院編入Or 2339冊的西魯序，都說長房在福建，二房在廣東，三房在雲南，四房在湖廣，五房在浙江，這與唐王聿鍵的根據地在福建，聿鐭的根據地在廣

東，桂王由榔的根據地在雲南，魯王以海的根據地在浙江，完全相符；福王由崧雖立於南京，但創洪門者認擁立的馬士英、阮大鋮是奸佞，清君側的左良玉是忠臣，所以就拿左良玉駐軍地湖廣稱四房。雖史料卷六所載不列顛博物院編入Oriental 8207B（？）冊的傳帖，稱三房在浙江，五房在雲南，然根據地仍與魯桂二王相合，並不出乎論證範圍以外，這是五祖影射五王的第二個證據。史料卷五所載不列顛博物院編入Oriental 2339冊的五祖改名詩，「本是大明富貴家，時常遭難有參差」之句，與五王的身世遭遇俱合，這是五祖影射五王的第三個證據。

史料卷五所載不列顛博物院編入Oriental 8207D冊的五虎大將詩：「八面兵來五將當，誅滅夷人百千亡。」五祖之數五，五將之數也是五，可見洪門傳說的五虎將，是影射五王手下抗清諸將的。

史料卷五所載不列顛博物院編入Oriental 8207D冊的四大忠賢詩，謂

四人俱是「忠良，因此留名萬載香。」這是影射唐王聿鍵與聿鐭，桂王由榔，魯王以海左右輔弼諸臣的。

洪門傳說中的萬雲龍：其一，是影射無數萬在南明風雲際會中從龍殉難諸將士的。其二，是作為組織核心之大哥作典範的。蕭一山《天地會起源考》（載史料卷首），謂「西魯序上說五僧五將祭旗興兵，經過浙江省，遇見萬雲龍。天地會的故事都在福建，獨萬雲龍說在浙江，恰與一念和尚的根據地相合」，所以他斷萬雲龍就是影射大嵐山奉朱三太子起義的一念和尚。查史料所載洪門本底（海底舊稱本底，即黨人傳抄的底本），不盡言五祖在浙江遇見萬雲龍，可見其原來並不影射一念和尚的。

天地會起源考引雍正《東華錄》中清世宗語云：「從前康熙年間，各處奸徒竊發，動輒以朱三太子為名，如一念和尚朱一貴，指不勝屈。

近日尚有山東人張玉，假託朱姓，托於明之後裔，以此希冀蠱惑愚民，見被拿獲究問。從來異姓先後繼統，前朝之宗姓，臣服於後代者甚多，否則隱匿姓名，伏處草野，從未有如本朝奸氏，假託朱姓，搖惑人心，若此之眾者。」史料卷二所載不列顛博物院編入Oriental 2339冊的西魯敘事，編入Oriental 8207D冊的西魯序，《中國秘密社會史》第二章天地會，洪門秘書《西魯傳》，其假托的壯烈帝孫朱洪竹（一作竺，又作祝），就是其中之一。此為當時革命集團所採同一手段，以資號召的。五祖不是壯烈帝后，所以洪門於五祖之外，再來一個小主。

溫飛雄《南洋華僑通史》十四章，認洪門是陳永華所創的。他以為陳永華的不逕將滿虜入關、揚州十日、嘉定三屠等歷史，演為故事，而以荒誕不經、俚俗粗鄙的神話來宣傳，係著眼於下層社會。他考證「鄭芝龍曾撤仙霞關之守備使清兵入福建，其後又為清兵挾之至北京，以鄭

成功故，全家鄭氏被戮，故其創造該段神話故事，若逕陳歷史，激勵忠貞，則於鄭芝龍之身分有關，且其部曲聞之，亦為刺耳，乃婉曲其意，敘少林僧人，拒退西魯，有功於清，無辜被害，妙在不即不離，若有若無，隱繪一鄭芝龍降清被害之影子，先團結鄭氏部曲，表鄭氏復仇之心理，然為鄭氏復仇之心理，又不能明白寫出，乃虛擬（其實是假借湊合）少林僧人一段故事，以激忿其非屬鄭氏部曲者，是以該會少林征西魯一段神話故事，謂為憑空虛構，絕非事實，一筆抹殺，似過武斷，然謂為實有其事其人，則緣跡求履，亦近拘泥，況當史地昌明之世，西魯在於何地？何時入寇中國？史無明文，虛擬可知。

故此段神話故事，乃以神話之體裁方式，描寫當時鄭氏之歷史：所謂少林寺者，指鄭芝龍一系與其部曲。征西魯有功滿清，是指鄭氏撤去仙霞關守備，令滿兵長驅直入福建。火焚少林寺，是指鄭芝龍全家大

小，在北京被殺之慘史。

《天地會起源考》，以為「與其說少林僧人有功於清而被焚是影射鄭芝龍一系及其全家被戮，寧說洪門中傳說的鄭君達是影射鄭芝龍的。因為：㈠姓名相近。㈡里居相近。芝龍是福建南安人（原注：《清史．列傳本傳》），鄭君達說是福建廈門大咸美之地人（原注：史料卷二桃李劍敘）。㈢出處相近。芝龍起家海上，積功至總兵，因撤仙霞關守備降清，封三等子（原注：清史稿鄭成功傳）；君達則說是身居水軍都督之職（原注：桃李劍敘），以解餉功封為分州總鎮（原注：見史料卷二西魯序）。㈣結局相近。芝龍是龔鼎孳刻他：『家僕往來海上，信息頻通，請早除禍根』，遂全家被戮（原注：見《清史．列傳本傳》）。而君達也以『與少林寺僧人結拜有謀反之意』的罪名，賜紅羅而死的（原注：見西魯序）。有這種種近似之點，已經不少了，但還有一條重要證

明：就是鄭君達的妻郭秀英，被所謂游方和尚亞七者，迫姦不從，投水身亡。謝邦行捉拿到君達處取治，君達不敢行刑，判斷事屬無定。邦行往報眾兄弟，將亞七斬首（原注：見桃李劍敘）。這傳說在洪門中雖不盡同，但郭秀英之死，是會內最重要的故事。而鄭芝龍的妻（原注：即鄭成功之母）不也是被清兵淫辱而自縊身死的麼（原注：事見黃宗羲賜姓本末）？芝龍也一樣的奈何不了清兵。小說中影射的故事，必有許多近似之點，令人模糊猜測，若隱若現。如果天地會的組織，係鄭氏部曲為芝龍復仇，則萬不能不影射一個人。我覺得拿鄭君達來比附，再恰當沒有的了。」

溫蕭二氏的考證，都有其立說的根據，著者認為可以並存而不悖。唯此僅就鄭氏家恨而言，若從洪門的反清復明來看，則所謂少林寺者，不啻指明室，火焚少林，不啻指滿清的亡明天下。

丁　洪門的創始時代

魏源《聖武記》：「林爽文者，居彰化之大理杙，地險族強，豪滑揮霍，聚群不逞之徒，結天地會數十年。」爽文起事於乾隆五十一年，覆敗於乾隆五十三年。故史料卷五所載不列顛博物院編入Oriental 8207D冊庚辛碑後的題語，謂洪門於雍正十二年改立天地為記。從林爽文的結會時期來推考，這一記載是有其可信價值的。

史料卷首所載不列顛博物院編入Oriental 8207K冊的洪門總圖，其第三幅中有一神位，題「開基結萬禪師」。卷四所載不列顛博物院編入Oriental 2339冊的先鋒對答，其詩有「始產洪兒結萬人」之句，皆可證洪門未改天地為記以前，是用「結萬為記」的。

照卷一所載不列顛博物院編入Oriental 8207D冊的金字旗詩，結萬二

字應釋作結義萬姓，禪師云云，並非實有此僧。故欲知雍正十二年未改天地為記以前這一秘密結社的革命運動，必須於「結義萬姓」上著眼，方能考得其起源。壬戌福建通志通紀清四與故宮博物院雍正朱批諭旨不錄奏摺總目，雍正六年任福建巡撫的常賚，曾經為了「臺灣棍從拜把」那件事，上過一本奏摺。史料卷五所載不列顛博物院編入Oriental 2339冊的會香詩云：「今晚新香會舊香，桃園結義劉關張，若有真心來結拜，兄弟永久萬年長。」臺灣棍徒的拜把，這是證明洪門起於雍正十二年以前的一個重要證據。

史料卷五所載不列顛博物院編入Oriental 2339冊的飲血酒詩云：「此夕會盟天下合，四海招集盡姓洪，金針取血同盟誓，兄弟齊心合和同。」故欲知雍正十二年以前這一秘密結社的革命運動，必須從其歃血訂盟，及起事歲月上著眼，方能推得其起源。

余文儀《續修臺灣府志》卷十九菑祥，稱諸羅劉卻，以拳棒自負，日與無賴惡少往來，插血為盟。康熙四十年十二月七日作亂，越五日事平，卻走匿山藪，常晝伏夜出。康熙四十二年二月，擒獲於笨港之秀水莊。一個叛逆首領，能夠隱藏至一年兩個月，可見其聲氣之廣，與夫人心思漢，同情此等革命人物。洪門源出臺灣，以劉卻的歃血訂盟及起事歲月來考證，足徵其起於康熙時代。

林爽文覆敗以後，不到數年，黨人又復興天地會；據天地會起源考，謂其名見乾隆五十九年的律例。嘉慶年間，為了閩粵等省復興天地會黨人的搶劫拒捕，遂修改舊例，加重其刑，事見嘉慶十五年律例。

以地域來觀察，這復興天地會與道光末年粵省起事的天地會，是有脈絡關係的。故宮文獻館所藏洪大全口供云：「數年前，游方到廣東，遂與花縣人洪秀全、馮雲山認識。曾往來廣東廣西，結拜無賴等設立天

地會名目。馮雲山在廣西拜會，也有好幾年。我是道光三十年十二月間等他們勢子已大，才來廣西會洪秀全的。洪秀全尊我為天德王，一切用兵之法，請教於我。」咸豐元年粵督撫徐廣縉、葉名琛奏摺云：「大凡會匪姓名，隨時更易，本無一定，且多舊稱朱姓，為前明後裔，並間有稱洪武字樣者，更可借此為煽惑之由。」冒稱明裔朱姓，這是洪門的一貫作風，黨人以洪武通寶為憑證，所以間稱洪武，可見徐葉所指的會匪，即天地會黨人。

法人卞勒與伊凡合著的《中國叛黨起源考》，謂公曆一八五〇年六月十三日，即道光三十年六月五日，廣州北門貼有懸賞購取粵督徐廣縉首級佈告，末署天德二年六月二十五日，較洪秀全金田起義早一年。蕭一山於太平天國詔諭中，考不列顛博物院編入Oriental 8207K冊的大明統兵大元帥黃告示，謂即《中國秘密會史》第三章所稱咸豐二年佔據廈

門的三合會黨人黃威所發佈。告示中稱大明天德皇帝，末署天德癸丑四月二十六日，與康熙年間一念和尚起事時所用年號相同。

《天地會起源考》稱：「《東華錄》載：康熙四十七年以前二三年，張念一（即一念和尚）奉朱三太子起義於浙江大嵐山，稱大明天德年號。」以天德稱號作證，可見洪門起於康熙時代。

羅爾綱《水滸傳》與天地會，謂康熙朝律例中處罰「異姓人歃血訂盟，焚表結拜弟兄」的謀叛未行罪，是對付天地會而發的。拿清代的叛逆成案來考察，這一律例雖不專以洪門為對象，但洪門的蔓延最廣，組織最嚴，主要在對付洪門，這是毫無疑義的。

據《大清律例增修統纂集成》所載世祖序文、聖祖上諭、三泰奏疏以觀，清律刊於順治三年的名《大清律集解》，係取明律參以清制所編成，其時律中尚未設例，洪門亦未產生，故無關係。刊於康熙十八年的

名見行則例，於定律之外，復設條例，如果見行則例即已刊載羅爾綱所舉這條，則過去一定屢屢破獲這類案件，故設此例鎮壓，由是可見洪門當起於康熙十八年前。

史料卷四所載不列顛博物院Oriental 8207B冊的通用問答辭：「有人問你乜時辰出世？答我甲寅年出世。」一查與洪門有關的甲寅有三：乾隆甲寅，係清律對付復興天地會的那一年。雍正甲寅，係洪門改立天地為記的那一年。康熙甲寅，係洪門創始的那一年。

洪門創始的那一甲寅，即鄭經攻襲閩粵這一年，《南洋華僑通史》推定洪門為陳永華所創，此亦可為佐證，否則無如此巧合。《續修臺灣府志》卷十九蓄祥，謂永華的父親以廣文殉難，其國仇家恨與鄭氏所抱者同而為正。志稱永華「遇事果斷有識力，定計決疑瞭如指掌，不為群議所動。成功常語其子曰：吾遺以佐汝，汝其師事之。成功既沒，鄭經

繼襲，以永華為參軍。慨然以身任事，知無不為，謀無不盡，經倚以為重。逮耿逆以閩叛，鄭經乘機率舟師攻襲閩粵八郡，移駐泉州，使永華居守臺灣，國事無大小，惟永華主之。」

臺灣近清之南，即命名近南的由來。鄭經部下與洪門軍師身分相符者唯一陳永華，故《南洋華僑通史》，認洪門中的陳近南，即永華自謂，這見解是不錯的。史料卷四所載不列顛博物院編入Oriental 8207B冊的通用問答辭：「問洪花亭誰人在此？答陳近南在此。問在此做乜？答在此教洪家兄弟。」此可證最初的組織細胞，係陳近南即陳永華所訓練。卷五所載不列顛博物院編入Oriental 8207B冊的總結洪門七十二底詩，有「開基天地陳南祖」之句，此可證洪門係陳近南即陳永華所創。

蓋鄭經進襲閩粵的那一年，由永華訓練一批人員，混入閩粵各地結會，於事前刺探敵情，於臨時策應作戰，猶諸現在的第五縱隊，在軍事

方面是有其重大作用的。清廷因為鄭經攻襲閩粵的五年間，飽嘗此種苦痛，所以定出這條謀叛律例來加以鎮壓的。

洪門的創始時代，主康熙十三年甲寅的，為徐珂的《清稗類鈔》，平山舟的《中國秘密社會史》、溫飛雄的《南洋華僑通史》、《貴縣修志局抄本》。主雍正十二年甲寅的，為荷人Schlegel的《天地會》、英人Ward的《洪門》，蕭一山的《天地會起源考》。考諸洪門傳說，這種主張都有矛盾點：如史料卷一所載不列顛博物院編入Oriental 2339冊的西魯敘事，編入Oriental 8207D冊的西魯序，均謂西魯入犯係康熙甲午年，甲午後於甲寅四十載。而所稱清廷火焚少林引起漢人結會則係康熙甲午後事，這是主洪門創於康熙甲寅的矛盾點。

雍正甲寅為十二年，而西魯敘事稱清廷火焚少林引起漢人結會，係雍正十三年事，這是主洪門創於雍正甲寅的矛盾點。查史料卷一所載不

列顛博物院編入Oriental 8207E（1）冊的洪門小引，只言於甲寅年起義而不冠康熙雍正字樣，拿前舉諸文獻考證，予斷此係最初的洪門傳說，故認康熙十三年甲寅創立洪門一說為正確。

校改

一〇〇頁8行小山碑下應注：景泰六年改禪師道行碑，末題本縣僧會遠孫比丘慧福，係登邑僧官，非少林僧三十一字。以後未見四字應改：最後見崇禎三年寒灰喜公碑，追立者見順治九年寒灰喜公碑。

12行矩公下應加：「及足庵二」四字。

民國三十年八月十三日印刷
民國三十年十二月八日發行

實價二元

少林拳術祕訣考證

著者 唐豪

發行者 上海市國術協進會

印刷者 現代印書館

代售處 本外埠各書局

國家圖書館出版品預行編目資料

少林拳術秘訣考證 ／ 唐豪　著
——初版，——臺北市，大展，2015〔民104.09〕
面；21公分 ——（唐豪文叢；5）
ISBN 978-986-346-083-1（平裝）
1.少林拳
528.972　　104012261

少林拳術秘訣考證

著　　者／唐　　豪
責任編輯／王 躍 平
發 行 人／蔡 森 明
出 版 者／大展出版社有限公司
社　　址／台北市北投區（石牌）致遠一路2段12巷1號
電　　話／（02）28236031・28236033・28233123
傳　　眞／（02）28272069
郵政劃撥／01669551
網　　址／www.dah-jaan.com.tw
E－mail／service@dah-jaan.com.tw
登 記 證／局版臺業字第2171號
承 印 者／傳興印刷有限公司
裝　　訂／建鑫裝訂有限公司
排 版 者／弘益電腦排版有限公司
授 權 者／山西科學技術出版社
初版1刷／2015年（民104年）9月

定 價／220元

大展好書　好書大展
品嘗好書　冠群可期

大展好書　好書大展
品嘗好書　冠群可期